Research on Talent Resources Development and Policy Innovation of Zhangjiang National Innovation Demonstration Zone

张江国家自主创新示范区人才资源发展与政策创新研究

毛军权 李 明 著

复旦大学出版社

目 录

第一章 人才资源发展与管理服务创新概况……………… 1
  一、上海市科技创新人才资源发展概况………… 1
  二、张江示范区人才资源发展总体状况………… 5
  三、张江示范区人才管理服务创新情况………… 25

第二章 高端人才集聚与人才发展环境优化……………46
  一、推进实施人才高峰工程………………46
  二、推进全球创新创业人才集聚………………58
  三、优化人才发展服务环境………………62

第三章 人才发展需求与促进举措……………………68
  一、张江示范区人才发展需求………………68
  二、促进人才发展的若干举措………………74

第四章 张江示范区各分园人才工作概况……………82
  一、张江示范区各分园人才工作实践……………82
  二、张江示范区各分园人才工作展望…………… 123

第五章　张江示范区人才服务平台建设试点研究……… 149
一、人才服务平台建设试点推进情况……………… 149
二、人才服务平台建设试点存在的问题…………… 153
三、推进人才服务平台建设试点的若干建议…… 155

第六章　重点领域人才实训基地试点建设研究……… 160
一、重点领域人才实训基地试点建设推进
情况……………………………………………… 160
二、重点领域人才实训基地试点建设存在
的问题…………………………………………… 164
三、推进重点领域人才实训基地试点的若
干建议…………………………………………… 165

第七章　人才培养产学研联合实验室试点建设研究……… 167
一、人才培养产学研联合实验室试点建设
推进情况………………………………………… 167
二、人才培养产学研联合实验室试点建设
存在的问题……………………………………… 172
三、推进人才培养产学研联合实验室试点
的若干建议……………………………………… 173

第八章　外籍人才出入境政策创新分析研究…………… 175
一、张江示范区外籍人才出入境政策体系……… 176
二、外籍人才出入境政策创新实施成效………… 196

三、外籍人才出入境政策创新展望……………………204

第九章 部市合作建设国际人才试验区创新政策评估研究……………………207
一、评估方法与评估框架……………………208
二、创新政策综合评估……………………210
三、评估结论与若干建议……………………235

参考文献……………………243
后记……………………245

第一章
人才资源发展与管理服务创新概况

一、上海市科技创新人才资源发展概况

2017年12月15日,《上海市城市总体规划(2017—2035年)》(简称"上海2035")获得国务院批复原则同意。"上海2035"为上海未来发展描绘了美好蓝图。面向未来,上海要加快推进国际经济、金融、贸易、航运、科技创新"五个中心"建设,向着卓越的全球城市和社会主义现代化国际大都市进军,建设更有活力、更具竞争力的创新之城,更富魅力、更有温度的人文之城,更加美丽、更可持续的生态之城。人才是实现这一宏伟蓝图的关键支撑,上海比以往任何时候都更加渴求人才。2018年3月26日,上海市召开人才工作大会,发布《加快实施人才高峰工程行动方案》,提出以推进人才高地基础上的人才高峰建设为牵引,为加快建设卓越的全球城市和具有世界影响力的社会主义国际化大都市提供源源不断的人才保障。上海持续深入推进以"放权松绑"为核心的制度改革,实行更加积极、更加开放、更加有效的人才政策,健全不唯地域、不求所有、不拘一格的引才、用才政策体

系,加快推进人才高地基础上的人才高峰建设,打造更便捷、更宽松、更包容的创新创业综合生态环境,努力使上海成为海内外人才汇聚之地、培养之地、事业发展之地、价值实现之地。

(一)科技创新人才资源持续聚集

1. 上海人才总量和高层次人才数量不断提升

截至2018年年底(除特别说明外,本书中相关数据统计截至2018年12月31日),上海常住人口总数为2 423.78万人。其中,户籍常住人口1 447.57万人,外来常住人口976.21万人。上海人才总量超过488万人,其中"海归"人才占比超过20%,人才优势已成为城市核心竞争力的重要体现。拥有两院院士173人;55名外国专家荣获中国政府"友谊奖";1 504人入选"上海领军人才计划";3 704名留学人员入选"上海市浦江人才计划";1 617人获得上海市首席技师资助。对海外人才的吸引力不断增强。在"魅力中国——外籍人才眼中最具吸引力的中国城市"评选中,上海连续7年拔得头筹,实现了七连冠。在沪工作的外籍人才总量超过22万人,占全国的24%左右,居全国首位。来沪工作和创业的留学人员已达16万余人。2018年上海市高层次人才类别与数量详见表1.1。

表1.1 2018年上海市高层次人才类别与数量

人才总量	488万余人
在沪两院院士	173人
中国政府"友谊奖"外国专家	55人

(续表)

上海领军人才计划	1 504人
上海市首席技师资助	1 617人
上海市浦江人才计划	3 704人
在沪工作的外籍人才	22万余人
来沪工作和创业的留学人员	16万余人

2. 研究与试验发展（R&D）经费支出持续增加

近年来，上海市全年用于研究与试验发展（R&D）经费支出相当于全市生产总值的比例逐年稳步递增。2014—2018年R&D经费支出相当于上海市生产总值的比例参见图1.1[1]。

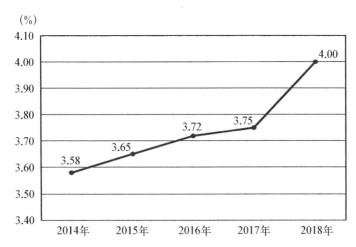

图1.1　2014—2018年R&D经费支出相当于上海市生产总值的比例

---

[1] 数据来源于上海市统计局发布的《2018年上海市国民经济和社会发展统计公报》。

3. 科技创新型企业数量持续增长

截至2018年年底,全市科技小巨人和科技小巨人培育企业共1 798家,技术先进型服务企业305家(含向国家备案认定技术先进型服务企业12家)。2018年共认定高新技术企业3 653家,全市2016—2018年有效期内高新技术企业总数达到9 206家,净增长1 564家。全年共落实高新技术企业减免所得税额160.97亿元,落实技术先进型企业减免所得税额5.12亿元。

(二)科技创新成果不断涌现

1. 重大原创成果持续涌现

高层次人才的创新显示度不断提升,科创策源能力持续增强。2019年度国家科学技术奖评选,上海有52项成果获奖,占全国获奖总数的16.9%,牵头完成的占一半,其中一等奖3项,是近6年内一等奖牵头项目最多的一年。上海牵头完成的"海上大型绞吸疏浚装备的自主研发与产业化",荣获国家科技进步奖特等奖,这是2002年以来上海市牵头项目首次获得特等奖。

2. 科技成果转化取得新成绩

促进科技成果转化服务经济社会发展,制定实施了《关于进一步促进科技成果转移转化的实施意见》,不断强化创新软服务。2018年全市认定高新技术成果转化项目656项,比上年增长33.1%,认定数量创5年新高。其中,电子信息、生物医药、新材料等重点领域项目占86.3%。至2018年年末,共认定高新技术成果转化项目12 118项。

3. 亚太地区知识产权中心城市建设取得新进展

2018年专利申请量150 233件,比上年增长14.0%。其中,发明专利申请62 755件,增长14.9%;实用新型专利申请69 564件,增长14.2%;外观设计专利申请17 914件,增长10.7%。全年专利授权量92 460件,比上年增长27.0%。其中,发明专利授权量21 331件,增长3.1%;实用新型专利授权量55 581件,增长39.2%;外观设计专利授权量15 548件,增长27.6%。全年PCT国际专利申请量2 500件,比上年增长19.1%。至2018年年末,全市有效发明专利达114 966件,比上年年末增长14.5%,有效发明专利五年以上维持率为78.6%;每万人口发明专利拥有量达47.5件,比上年增长14.5%。全年经认定登记的各类技术交易合同21 630件,比上年增长0.3%;合同金额1 303.20亿元,增长50.2%。

二、张江示范区人才资源发展总体状况

上海张江高新技术产业开发区是国务院1991年批准成立的中国首批国家级高新区。2011年3月,国务院批复同意支持上海张江高新技术产业开发区建设国家自主创新示范区,赋予张江深化改革、先行先试的使命,上海张江国家自主创新示范区(以下简称"张江示范区")成为第三个国家自主创新示范区。"十三五"以来,张江示范区认真贯彻落实习近平总书记系列重要指示精神,围绕强化科创创新策源功能和高端产业引领功能,按照新时代高新区"创新驱动发展的示范区和高质量发展的先行区"的定位,呈现出创新创业要素密集、产业集群发展良

好、自主创新能力提升的态势,已成为全国最具竞争力的高新区之一。

目前,张江示范区规划面积扩大到"一区22园",分别为:张江科学城(核心园)、漕河泾园、闸北园、青浦园、金桥园、嘉定园、杨浦园、长宁园、徐汇园、虹口园、闵行园、松江园、普陀园、陆家嘴园、临港园、奉贤园、金山园、崇明园、宝山园、世博园、黄浦园、静安园。其中包括124个园中园,总占地面积531.32平方千米,分布于上海16个区,形成了与上海城市创新带和战略性新兴产业发展地带相吻合的沿江沿海、沿沪宁线和沪杭线三大创新带。张江示范区发展历程如图1.2所示。

近年来,张江示范区"一区22园"的体制结构不断优化,紧紧依托科技创新中心承载区的功能,成为培育高新技术产业和战略性新兴产业的示范区域,成为上海创新发展的重要引擎、全国创新改革先导区,以及上海建设具有全球影响力科技创新中心的核心载体,是我国在更高层次上参与全球科技竞争与合作的代表区域。曾经的阡陌农田、老旧工业区蜕变为一个个现代化的高科技园区,形成了"一核三带""一区22园"的发展格局。张江药谷、嘉定汽车城、市北大数据园、东方美谷、机器人产业园、人工智能岛、5G创新港、G60科创走廊等一批专业化园区,长阳创谷、零号湾等创新创业基地在这里交相辉映,聚焦集成电路、人工智能、生物医药三大产业,培育世界级产业集群。张江示范区已经成为代表中国参与国际高新技术产业竞争的特色品牌,是国家创新发展战略的新增长极。作为上海科技创新资源的重要集聚区,张江示范区对照建设具有全球影响力的科技

第一章 人才资源发展与管理服务创新概况   7

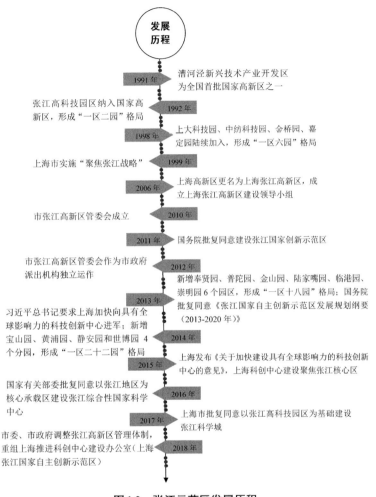

图1.2 张江示范区发展历程

创新中心的要求，以更高的站位、更宽的视野、更新的理念，构建创新服务体系，营造创新创业环境，吸引各类科技创新主体加快集聚。

2019年，张江示范区规模以上企业实现营业收入5.72万亿元。截至2019年年底,张江示范区高新技术企业占上海市的52%,战略性新兴产业产值占上海市产值的60%以上(其中生物医药产值占全市的74.8%、集成电路产值占全市的85.6%);企业和相关机构的授权发明专利占上海市的56%,获得市级科学技术奖励数量占上海市的88%。特别是战略性新兴产业的工业产值复合增长率达到12.1%,高于上海市3.6个百分点,其中张江示范区的集成电路、生物医药产值增量占上海市同期增量的97.8%和92.3%。

截至2018年年底,张江示范区拥有高新技术企业4 314家,上市挂牌企业973家;沪深上市企业154家,境外上市77家;每年新增注册企业近万家;《2018胡润大中华区独角兽指数》排行榜上榜企业34家。集聚各类创新平台1 916家。其中,各类大学40家,研究院所(单位)139家,国家级重点实验室35家,国家级工程技术研究中心21家,国家级企业技术中心48家,国家级科技企业孵化器39家,国家级产业技术创新战略联盟4家,国家级产品检验检测机构21家,国家级工程实验室/工程研究中心20家,国家大学科技园13家,外资研发机构303家。拥有7家全国双创示范基地,59家国家级众创空间,13家国家级大学科技园,39家国家级科技企业孵化器,XNODE、WEWORK英特尔孵化器等国际知名创业孵化器落地。有各类国际化学校24家,三甲医院43家,五星级酒店57家。

(一)人才资源发展概况

2018年,张江示范区规模以上企业总营收5.23万亿元,同比增长11.51%；工业总产值1.69万亿元，同比上年增长4.07%；实现净利润3 639.2亿元，同比上年增长8.48%；技术合同成交额630.3亿元，同比上年增长41.52%；实缴税额3 036.62亿元，同比上年增长5.60%；新增发明专利授权13 385件，同比上年增长3.65%；战略新兴产业产值继续突破1万亿元。张江示范区人才资源相关经济发展指标参见表1.2。

表1.2 张江示范区人才资源相关经济发展指标（2016—2018年）

	从业人员数（万人）	工业总产值（亿元）	利润总额（亿元）	技术合同成交额（亿元）	实际缴税额（亿元）	当年新增发明专利授权数（件）
2016年	209.88	13 507.41	2 856.67	270.74	2 867.14	11 417
2017年	219.90	16 232.77	3 354.69	445.38	2 875.58	12 914
2018年	233.06	16 893.62	3 639.20	630.30	3 036.62	13 385

2016—2018年张江示范区各分园从业人员、新增发明专利授权与技术合同成交额情况如表1.3、表1.4和表1.5所示。

表1.3 2016年各分园从业人员、新增发明专利授权与技术合同成交金额

	从业人员（万人）	当年新增发明专利授权（件）	技术合同成交金额（亿元）
合计	209.88	11 417	270.74
张江科学城（核心园）	35.64	3 476	56.64
漕河泾园	22.50	1 168	12.54
金桥园	19.66	753	76.75

（续　表）

	从业人员（万人）	当年新增发明专利授权（件）	技术合同成交金额（亿元）
闸北园	8.14	207	6.11
青浦园	3.23	58	0.04
嘉定园	17.16	294	8.90
杨浦园	13.88	1 865	25.89
长宁园	8.61	455	3.30
徐汇园	4.72	527	14.21
虹口园	7.20	172	2.58
闵行园	15.45	635	6.78
松江园	4.05	57	1.46
普陀园	5.56	303	7.36
陆家嘴园	8.51	349	23.63
临港园	1.96	109	0.00
奉贤园	4.32	62	1.04
金山园	3.40	136	3.26
崇明园	1.19	6	—
宝山园	7.71	457	1.11
世博园	0.57	—	3.93
黄浦园	10.96	208	6.00
静安园	5.46	120	9.22

表1.4　2017年各分园从业人员、新增发明专利授权与技术合同成交金额

	从业人员（万人）	当年新增发明专利授权（件）	技术合同成交金额（亿元）
合计	219.90	12 914	445.38
张江科学城（核心园）	36.89	3 722	79.94
漕河泾园	24.60	1 564	33.11
金桥园	22.73	615	230.32
闸北园	8.00	213	8.42
青浦园	1.91	63	0.25
嘉定园	13.92	409	11.36
杨浦园	17.10	2 239	18.71
长宁园	6.12	437	14.27
徐汇园	4.79	554	6.84
虹口园	8.56	201	3.33
闵行园	15.18	574	4.89
松江园	3.98	250	0.42
普陀园	5.60	331	7.95
陆家嘴园	7.00	396	8.94
临港园	1.70	202	0.22
奉贤园	3.53	62	0.96
金山园	3.50	150	3.38
崇明园	1.35	28	0.28
宝山园	15.56	552	2.44

(续 表)

	从业人员(万人)	当年新增发明专利授权(件)	技术合同成交金额(亿元)
世博园	0.61	30	0.06
黄浦园	11.81	253	4.28
静安园	5.46	69	5.01

表1.5　2018年各分园从业人员、新增发明专利授权与技术合同成交金额

	从业人员(万人)	当年新增发明专利授权(件)	技术合同成交金额(亿元)
合计	233.06	13 385	630.30
张江科学城（核心园）	38.26	4 074	123.73
漕河泾园	25.60	1 505	25.31
金桥园	21.67	695	119.73
闸北园	9.00	218	6.30
青浦园	3.01	68	0.14
嘉定园	17.42	513	15.92
杨浦园	17.10	1 882	43.66
长宁园	3.83	467	23.07
徐汇园	7.78	466	83.99
虹口园	10.18	138	2.69
闵行园	15.55	560	2.21
松江园	4.40	700	1.08
普陀园	5.54	292	8.80
陆家嘴园	8.53	402	12.15

(续　表)

	从业人员（万人）	当年新增发明专利授权（件）	技术合同成交金额（亿元）
临港园	1.85	359	0.61
奉贤园	3.79	78	0.39
金山园	4.59	43	1.96
崇明园	1.43	44	0.00
宝山园	18.27	509	1.63
世博园	0.59	55	0.02
黄浦园	11.49	235	153.59
静安园	3.19	82	3.32

张江专项资金已支持引进国际人才超过2.2万人，培养人才18万余人，推进建设31个海外高层次人才创新创业基地及11个留学生创业园。与此同时，张江示范区大力构建国际化人才集聚服务体系，积极探索并设立了集人才、技术和资本"三位一体"的海外人才预孵化基地，已经在11个国家和地区布局了18个海外人才预孵化基地，引进海外高层次人才52人，引进专利技术和创业项目63项。仅2017年给予人才类资助补贴就达8 097万元，如表1.6所示。

表1.6　2017年张江专项发展资金给予人才类资助补贴

补贴项目	市区两级资助金额（万元）
张江国际人才试验区公共服务体系	1 599
人才服务平台补贴	915

(续 表)

补贴项目	市区两级资助金额(万元)
企业购买人才服务补贴	21
保障设施建设贷款贴息	1 087
人才医疗保障	500
引进海外高层次人才补贴	1 400
首席科学家定制实验室补贴	1 000
产学研联合实验室建设补贴	295
人才实训基地建设补贴	860
领军人才创办企业初创期补贴	200
科技部创新创业人才奖励	60
张江杰出创新创业人才奖励	160
合　　计	8 097

(二) 创新创业人才队伍建设情况

张江示范区注重面向全球引入人才、资本和技术,由于集聚了众多优势资源,逐渐成为吸引国内外创新创业人才的重要区域,人才集聚效应快速增强,近几年高层次人才在质量和数量上不断提升。

截至2018年年底,有两院院士169名,占上海市的97.7%;上海领军人才1 367人,占上海市的90.9%;上海浦江人才3 432人,占上海市的92.7%;在张江示范区工作的外国人11万余人,约占上海市的50%,如表1.7所示。张江示范区已经成为国内外创新创业人才的主要汇聚地,且形成了比较明显的梯队结构。

表1.7 高层次人才数量与全市占比

类　别	上海市	张江示范区	张江示范区占全市比例（%）
两院院士（人）	173	169	97.7
上海领军人才计划（人）	1 504	1 367	90.9
上海市浦江人才计划（人）	3 704	3 432	92.7
在沪工作的外籍人才（人）	22万余	11万余	约50

园区内从业人员从学历结构如图1.3所示，硕士以上学历37.5万余人，占比超过17%；大专及本科学历110万余人，占比50%以上；大专以下学历约70万人，占比约为32%；每千名从业人员中的硕士以上学历数量达到170人以上，显著高于全市平均水平。此外，张江示范区还拥有大量的境外留学人员、享受政府特殊津贴人士等高层次人才。

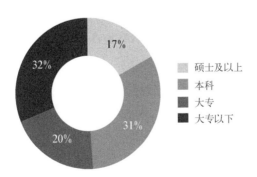

图1.3 张江示范区从业人员学历分布示意

从年龄结构上看，如图1.4所示，从业人员年轻化特征明显，40岁以下年轻人才约占总量的80%，显示出张江示范区人才积累的深度与潜力，为上海市"五个中心"建设及打造"四大

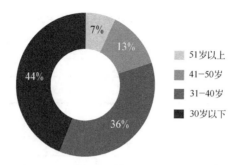

图1.4 张江示范区从业人员年龄分布示意

品牌"提供了强有力的人才支撑。

 **延伸阅读**

上海张江示范区：创新驱动，构造人才生态的"地心引力"

在创新驱动的时代，上海张江国家自主创新示范区凭借几十年历史的积淀，把中国高新技术产业放在纵向历史与横向世界的交叉点上，让人才成为高科技园区的核心竞争优势，开启张江范区发展的"核心动力源"。

对人才的渴求，注定成为时代的抉择。在张江国家自主创新示范区，每2名创业者就有1名是海归。截至2016年年底，张江示范区有从业人员209.88万人，集聚了上海80%以上、全国1/6的高端人才。其中集聚了海归、留学生、外籍专家4.5万余人，占全市约45%；集聚了院士169人，占上海全市总数的98%。张江示范区已成为国际人才聚集的"乐园"。

与美国硅谷、韩国首尔、德国汉堡等地建立"全球连锁"孵化培育体系，打破国界束缚，创业者足不出户就能利用全球创新要素；以民营企业为主体，与全球23家行业协会、服务机构及大学建立合作关系，在西雅图、不莱梅、新加坡等地设立海外人才预孵化基地；包括7个创新服务平台的首个海外基地张江示范区波士顿园也已启动建设。

经过多年酝酿积累，中国国家外国专家局与上海市政府于2016年签署合作备忘录，提出了23项创新举措，持续推进张江国家自主创新示范区建设国际人才试验区。这意味着上海将用更宽广的胸怀和视野来面向国内与国际两大市场。

有数据表明，上海第四次成为外籍人才眼中最具吸引力的中国城市。如何巧妙借用城市自身的"吸引力"与"国际资源优势"，为建设具有国际影响力的科创中心服务？上海市张江高新区管委会常务副主任曹振全表示，张江发展这么多年来，坚持先做减法，再做加法。无论是引进来，还是走出去，政府坚持用开放、包容的心态，在市场能够发挥效应的领域充分发挥市场的自由度，同时做好政府的引领、指导。

从人才引进到人才服务，张江示范区处处都是创新。

一、从"吸引"到"创造"

走进张江示范区核心园，最亮眼、最神秘的不是开发区大楼或众多世界500强企业招牌，而是外形像鹦鹉螺的上海光源和与它相邻的国家蛋白质科学研究（上海）设施、上海超级计算中心、量子卓越中心等大科学基础设施。

建设发展20多年的上海市张江高新区，不仅仅是企业家、投资者的"乐园"，而作为张江国家科学中心的重要承载区，更要以世界级的科学设施和平台吸引海内外高端人才，逐渐成为科学家云集、吸附众多重大基础科研项目的高地。围绕张江综合性国家科学中心建设，引进一批国际顶尖人才，鼓励外国高层次人才到张江示范区开展研发合作、项目聘用、考察讲学等活动，在张江建立引智示范基地，承接引智项目并完善配套服务。这些政策利好吸引了众多海内外人才纷至沓来，其中不乏诺贝尔奖得主。

2014年之前，中国干细胞产业化进程近乎停滞。鉴于干细胞研究领域的前沿性、前瞻性及战略性，张江示范区审时度势，在国家干细胞政策未明的大背景下，力排众议，联合同济大学及附属东方医院、中科院和联兆公司成立了张江示范区干细胞转化医学产业基地，布局干细胞产业，筑起高端的科研平台。

2005年，诺贝尔生理学和医学奖得主、澳大利亚著名医生巴里·马歇尔教授曾多次访问东方转化医学平台和干细胞产业基地。张江发展转化医学和干细胞产业化的决心以及高峰人才的引进政策打动了马歇尔，他于2017年4月与同济大学及附属东方医院签署合作协议，担任"同济大学马歇尔HP综合实验室""马歇尔消化疾病国际诊疗中心""东方医院与马歇尔院士工作站"等机构负责人，针对中国患者对多种抗生素耐药等现象，尝试开发针对治疗耐药菌株的基因检测产品，以缩短治疗周期和减少治疗费用。

不只是马歇尔，干细胞产业基地像一块巨大的磁石，吸引了百余位全世界干细胞领域优秀人才，其中包括2名院士、5名长江学者、11名973首席科学家、2名863首席科学家等众多国家级干细胞领域顶级专家。以外聘专家形式聘用了18位长江学者,依托同济大学全职引进了10位中央"青年千人"与一大批优秀青年才俊。干细胞转化医学产业基地项目中人才预算近8 000万元,占政府资金支持的80%。

据了解,张江示范区在量子通信、干细胞、太赫兹、大数据等11个重大项目集聚国内外院士、领军人才400余人。从产业来看,集中在生物医药、集成电路、软件三大主导产业的人员超过50%,其中不乏一批国内外高端人才。

以干细胞、量子通信、医学大数据、先进传感器等重大项目为载体,即使是诺贝尔奖级别的全球高端科研人员也无法抵挡这样的"诱惑"。

二、海外预孵化启动引智新模式

在2017年年初举办的"领事进张江"活动中,来自22个不同国家的驻沪总领馆总领事、领事、驻沪机构代表们表达了对中国企业走出去的同一种邀请;与此同时,17个来自张江示范区的园区及企业代表们则传递出这样的信号:我们需要国际资源。

上海作为具有国际影响力的大都市,已经创建起良好的创业生态系统,积聚大量的创投资本,汇集顶尖的金融服务业和完善的法务支持系统,完全有能力成为全球创业者发挥创造的舞台。关键在于引流资源落地,打造链接全球创新网络的关键枢纽。

"我们引进人才的模式变了。"相关负责人说。运用"海外预孵化+国际孵化器+基金"的模式,加大力度挖掘海内外拔尖人才,布局具有前瞻性、颠覆性的前沿技术和高端项目,是张江示范区加快建设具有全球影响力的科技创新中心、吸纳延揽国际拔尖领军人才的一种创新。

热情的双创氛围、进取的风险资本、越来越完备的创业生态……近几年,越来越多的海外人才希望回到国内大展拳脚,但对国内的环境和市场不了解,难免"水土不服",而预孵化则给了这些人一个过渡和热身的平台,为海外高层次科技创新领域人才提供国内相关政策、知识产权、技术、投资对接等全方位的前置服务。

2015年9月,张江示范区依托上海敬元公司启动了海外人才预孵化基地专项,先后在18个国家和地区设立了海外人才预孵化基地,实施人才、技术和资本"三位一体"的整合及先期孵化。已挂牌的有8家,海外合作机构47家,到2016年年底,基地已引进人才团队32个,落地的项目18个,储备人才2 500人,储备项目660个。

海外人才预孵化基地副总经理王裕介绍说,敬元自主开发了基于专利文献的大数据挖掘技术,能够根据企业需求,在几天之内为其筛选出该技术领域最突出、最对口的知识产权拥有人名单。企业在确认这份潜在的揽才清单后,敬元会再通过其全球联络点找到那个人。

通过海外预孵化,张江示范区希望提供一站式、个性化的解决方案,帮助海外人才完善创业团队或创业项目,提高海外人才、技术、项目和企业落户上海发展的成功率;对于那些暂时无意回国发展的海外人才,也有相应的扶持与合作模式。

同时，依托张江波士顿园等在海外设立的人才预孵化基地，健全人才、技术、项目、资本一体化的合作、孵化和引进机制。2016年，上海市张江高新技术产业开发区管委会与美中合作发展委员会达成战略合作，在波士顿建立了实体化园区，大胆创新建设模式。上海张江波士顿企业园是我国率先采用政府指导、社会组织协调、企业市场化运作机制的海外科技园区项目。以波士顿园区为实体起点，与全球各国的线上合作也即将推出。今后，张江还将创新人才引进方式，重点引进新兴产业细分领域的海外高层次人才，推进海外人才离岸创业基地建设。

目前，来自张江的上海宝藤生物医药科技股份有限公司成为"走出去"的第一批获益者。"波士顿在精准医学、大数据分析领域有大量人才。"宝藤董事长楼敬伟说，"宝藤已引进哈佛医学院附属麻省总医院的2个大数据团队；计划今年引进8～10个技术团队，涉及基因测序、基因编辑、数据挖掘、人工智能等领域。"

三、疏通引才制度中的"堵点""痛点"

从"一区六园"到"国家自主创新示范区"，张江未曾停止集聚人才的创新，一直紧握时代脉搏。立足"聚天下英才而用之"，围绕经济社会发展需求，大力引进外国高层次人才和急需紧缺人才，引进外国人才工作体制机制，先行先试，成为一道亮丽的"风景线"。

作为上海科技大学iHuman研究所首任所长，国际著名结构生物学家雷蒙德·史蒂文斯有一个"中国梦"，就是组建一流的国际学术研究团队,把其打造成为人体细胞信号转导研究的国际知名研究所,抢占生命科学研究新的制高点。然而,这位上海科技大学全职引进的国际高端人才、上海市白玉兰纪念奖获得者,在申请永久居留时犯了难。上海科技大学人力资源处何于霖说,学校去年就着手为史蒂文斯教授办理永久居留,但由于手续复杂、审核时间长,且涉及无犯罪证明、国籍认定等一大堆材料,不得已只能暂时搁置。

直到2016年12月,事情才有了转机。公安部为支持上海科创中心建设,在此前"十二条"的基础上,为高端外籍人才引入颁布了"新十条"的便民政策,其中有四条是针对张江示范区"量身定制"。

在外籍人才申请永久居留方面,"新十条"对符合认定标准的外籍高层次人才,经张江高新区管委会推荐,并凭管委会推荐函直接向出入境管理局申请永久居留。审批时间从原来的6个月缩短为50个工作日。在张江示范区工作满4年的,也可以申请永久居留,对其学历、职务或工资方面也不再有要求。

得知上海科技大学正在引进高峰人才,张江高新区管委会主动联系用人单位,为史蒂文斯教授出具永久居留推荐函。

从2017年5月份开始受理外籍人才永久居留推荐和证明工作至今,张江示范区已受理推荐高层次人才和证明外籍华人永久居留申请48人。其中,外籍高层次人才30人,外籍华人18人,并为华东理工大学和上海科技大学2名诺贝尔奖获得者出具永久居留推荐函。

在张江每个分园,都能找到为海外人才办理出入境、就业、工作类居留许可等事宜的便利化服务点；外国专家证和外国人就业证"两证整合"工作试点已在核心园实施；外籍人才申请"中国绿卡"门槛进一步降低；上海高校毕业的外国留学生在"双自联动"地区直接就业的学历要求从硕士放宽到本科；持有"中国绿卡"的外籍人才可直接申办上海市海外人才居住证；允许外籍高层次人才聘雇外籍家政服务人员；专家劳务费不设上限；重大项目经费管理实行事前框架预算加事后经费决算相结合的管理制度……

开放是一种胸怀，创新是一种魄力。从"人才20条"到"人才30条"，从"十二条"到"新十条"，张江示范区正在成为承接政策创新、推进简政放权、突出市场导向的先行先试平台，通过不断推进落实"人才新政"，建立更加开放的人才集聚机制，为科技创新中心建设提供坚强的人才保障和智力支撑。

四、"小心脏"驱动新型人才服务模式

在张江示范区，人才政策和措施是有"温度"的，而"温度"的背后，体现的是张江示范区对人才需求深层次的理解。

只是，一区22园，124个园中园，531平方千米，如此庞大的体量，一个在编仅30人左右的微型管委会是如何将触角伸到每一个角落里，深入了解和解决人才切实需求的？

张江示范区的答案是"小政府、大社会"的改革思路。通过进一步简政放权，让试点单位突破原有的体制内服务平台模式，突出市场对资源配置的决定作用，形成"政府引导＋市场化运作"的平台建设模式。

不增设管理机构，不直接参与具体事务，管委会像一颗巨人的心脏,通过加强规划引导、政策创新、协调服务等方式,为各园区输送持续的动能,指导区域建设。各类型的创新服务平台和专业化服务机构在张江示范区内打造了"不占土地、没有土建"的创新生态"基础工程"。通过试点探索新型服务模式,引导社会各类优质资源为示范区服务。

产学研联合实验室、重点领域人才实训基地和人才服务平台,首次充分授予社会运营机构参与园区服务和管理。在开放创新的示范区人才平台上,一批批人才创新的国际化效率逐日提升。目前,张江示范区已初步形成"1+3"的人才管理服务网络体系,试点平台已达52个,其中人才服务平台15个、重点领域人才实训基地14个、人才培养产学研联合实验室23个,全部由民营企业或社团组织承建,构成了社会化的人才服务体系。

在张江示范区,市区协调联动、错位互补的人才政策,全方位多角度的支持体系,为人才提供了发展沃土。自2015年以来,共有11个委办局与张江高新区管委会协同开展人才政策制度创新的先行先试。张江示范区与上海市经信委开展重点领域人才实训基地建设试点,充分利用跨国公司等龙头企业的国际资源,建立了4批、共14个重点领域人才实训基地,开展面向产业链的人才培养和输送。此外,知识产权服务平台、企业专利联盟、科技融资服务平台和科技中介服务平台等建设成果也相继落地,共同构成了张江示范区的良好生态。索尔维上海研究与创新中心研发部分析实验室经理董婕告诉记者,在两年左右的时间里,通过重点领域人才实训基地建设,索尔维成功留住了9名外籍专家和6名海归博士。

海纳百川,气象万千。张江示范区携手22个分园124个园中园的7万余家企业,集聚上海17个区县531平方千米科技资源创新示范,编织了一张巨大的人才服务网络。张江示范区每一次创新提速和换挡前行,都不断吸引世界的眼光,不断吸纳全球创新的资源。

摘自2017年11月27日《科技日报》

三、张江示范区人才管理服务创新情况

2018年11月6日,习近平总书记考察上海期间视察了张江科学城展示厅,对上海科技创新中心建设作出重要指示,强调要以全球视野、国际标准推进张江综合性国家科学中心建设,集聚建设国际先进水平的实验室、科研院所、研发机构、研究型大学,加快建立世界一流的重大科技基础设施集群。张江示范区全面贯彻落实党的十九大精神和习近平总书记考察上海时的讲话精神,不断服务于提升原始创新能力,促进释放创新活力,加快推进具有全球影响力的科创中心建设。以开放包容的心态延揽全球优秀人才,倾力打造学术新思想、科学新发现、技术新发明、产业新方向的重要策源地。张江示范区围绕科创中心建设的总体部署和建设世界一流科技园区的规划目标,结合"双自"联动建设国际人才试验区,为人才管理服务创新机制、搭建平台、优化环境,为科研人员专心从事科研、高科技企业潜心开展研发、创业人员安心发展事业、就业人员舒心工作生活创造优越的条件。

（一）建设国际人才试验区进展情况

1. 推进建设国际人才试验区

2016年4月，国务院印发了《上海系统推进全面创新改革试验加快建设具有全球影响力科技创新中心方案》，提出推进张江国家自主创新示范区建设国际人才试验区。

2016年5月，中共上海市委组织部牵头，市教卫工作党委、市科技工作党委、市公安局、市财政局、市人力资源和社会保障局、市张江高新技术产业开发区管理委员会、中国（上海）自由贸易试验区管理委员会八部门联合印发了《关于"双自"联动建设国际人才试验区的实施意见》，旨在发挥上海自贸试验区和张江示范区联动优势，以人才政策突破和体制机制创新为重点，在人才引进培养、股权激励、成果转化、创业孵化、创业融资等方面先行先试，大力建设创新人才高度集聚、创新资源深度融合、创新机制开放灵活、创新活力竞相迸发的国际人才试验区，力争到2020年，初步形成具有全球影响力的"国际人才自由港"和"大众创业策源地"，努力成为对外开放度最高、拥有较强全球资源配置能力的国际化人才高地。

2016年9月，中共上海市委、上海市政府印发了《关于进一步深化人才发展体制机制改革加快推进具有全球影响力的科技创新中心建设的实施意见》（即人才"30条"），提出了深化"双自联动"建设国际人才试验区的相关要求。

（1）持续推进体制机制创新。

依托上海自贸试验区、张江国家自主创新示范区的改革平台,充分发挥"双自联动"优势,以人才政策突破和体制机制创新为重点,在人才引进培养、股权激励、成果转化、创业孵化、创业融资等方面先行先试。

张江示范区着力构建具有国际竞争力的引才机制,创新人才评价机制、人才培养支持机制和创新创业人才激励机制,优化创新创业生态环境,为创新创业人才的"引、育、用、留"创造更好条件。

延伸阅读

"国际人才试验区"将带来什么新气象

上海担负着建设综合性国家科学中心及国家全面创新改革试点的任务,承载着全国改革开放排头兵和创新发展先行者的使命。一段时间以来,上海在为科创中心聚集人才方面所作的努力正逐渐得到回应。人力资源社会保障部副部长、国家外国专家局局长张建国表示:"目前在上海工作的外国专家和外国人数量在全国占据多数,质量也比较高。今年,上海新出台了人才'30'条,同时又有面向高层次人才直接办理上海'B证'的政策,这座城市给予了外国人来沪生活就业许多的优惠条件。"

上海拥有着吸引与培植人才的优厚土壤,而张江国家自主创新示范区,则有着成为具有国际影响力的国际人才聚焦高地的潜力。数据显示,目前全市持有外国专家证的人数有8万人,其中百分之六十的持证者正聚集在张江国家自主创新示范区。张建国还提到,希望张江能解决在引进人才过程当中的一些瓶颈问题,这些经验的总结、好的方法和举措,将来可以在全国推广。

国际人才试验区"落户"张江国家自主创新示范区将给张江带来什么新变化？张江高新区管委会创新促进处处长马文刚认为，两者的"有机结合"意味着上海将拥有更宽广的胸怀和视野来面向国内与国际两大市场。同时，根据科创中心建设的需要，在更大范围内吸引高端人才，以便优化人才资源配置。

国家外国专家局将支持上海在高端人才办理永久居留、工作许可和居留许可并联审批，国际医疗保险结算服务，外国人才管理服务信用体系建设，张江综合性国家科学中心建设等方面取得突破。把张江示范区作为承接政策创新、推进简政放权、突出市场导向的先行先试平台。把张江作为一个突破口和着力点，从而努力提升上海国际人才竞争力、影响力、辐射力，推动上海成为国际一流创新创业人才的汇聚之地、培养之地、事业发展之地和价值实现之地。

摘自2016年10月13日《上观新闻》

（2）为国际人才试验区建设提供政策支撑。

依据《上海张江国家自主创新示范区专项发展资金使用和管理办法》，张江高新区管委会制定了《上海张江国家自主创新示范区专项发展资金资助政策》，就集聚培育高端人才从人才服务保障、人才引进和培育及支持人才创新创业等方面加大对张江示范区人才工作的政策引导和支持力度。一是支持建设国际人才试验区。建立覆盖人才引进、人才奖励、创新创业、继续教育、技能培训等在内的综合性服务体系。二是支持创办新型服务平台。深入推进人才服务平台建设试点，支持建立一站式在线人才服务平台。三是支持人才公寓及高层次人才配套服务的平台项目。支持园区和企业利用自用存量用地建设单位租赁房或人才公寓、国际学校、医疗服务中心等服务设施。四是支持培育和引进急需人才。支持创设新型人才培育机构，支持产学研联合培育复合型人才、产业技术骨干和技能人才，支持推进海外人才孵化基地建设。五是支持海外高层次人才创新创业。支持海外高层次创新创业人才基地、留学人员创业园建设，实施人才创新创业的配套资助、补贴、奖励和股权激励。

（3）探索建立具有国际竞争力的人才制度。

为深入贯彻落实国务院批复的《上海系统推进全面创新改革试验加快建设具有全球影响力的科技创新中心方案》中关于张江示范区建设国际人才试验区的工作部署，在张江示范区深入推进引进用好外国人才政策创新、管理创新和服务创新，努力实施更积极、更开放、更有效的外国人才引进政策，探索建立具有国际竞争力的人才制度，把张江示范区打造成具有国际影响力的外国人才集聚高地，国家外国专家局与上海市人民政府就共同推进张江示范区建设国际人才试验区，探索外国人才管理服务体制机制创新和政策制度创新，2016年10月13日，国家外国专家局与上海市人民政府签署合作备忘录，提出了23项新举措，共同推进张江示范区建设国际人才试验区。新举措包括开展创新政策的先行先试、建立健全国际化运行机制、建立健全外国人才管理服务机制和探索实施市场化用人机制四个方面，如表1.8所示。

表1.8 《合作备忘录》合作内容

国家外国专家局　上海市人民政府 共同推进张江国家自主创新示范区建设国际人才试验区合作备忘录 合作内容	
开展创新政策的先行先试	国家外国专家局把张江示范区作为承接政策创新的先行先试平台，重点针对外国人来华工作许可管理、外国高层次人才在华创新创业和服务保障，组织管理服务创新调研，提出政策、管理、服务创新的意见举措，开展先行先试，探索可复制推广的做法经验。加强外国人在沪工作统一管理，推进"外国专家来华工作许可"和"外国人入境就业许可"整合工作，组织实施"外国人来华工作许可"，实施外国人才分类管理，制定人才签证实施细则，明确外国人才申请和取得人才签证的标准条件和办理程序，实现外国人来华工作许可和居留许可并联审批模式，设立一个综合服务窗口，入驻外专、人社、公安等部门，让申请人入境后"拿一套材料，跑一个窗口"办理工作许可、居留许可、社会保险等手续。进一步加强与公安、检验检疫部门信息互联共享。开展外国高层次人才出入境便利措施、外国高端人才在上海市内用人单位兼职、外国留学生毕业后直接留沪工作、外国博士后办理工作许可、有关单位聘用世界知名大学应届毕业生、外国语言教师劳务派遣管理、允许外国高端人才携带的外国家政服务人员办理工作许可、探索实行计点积分制等政策制度创新的研究和先行先试
建立健全国际化运行机制	加强重点领域国际人才交流力度，探索符合国际惯例的合作机制。建立政府指导、企业主体、社会参与、市场运作的引智机制，充分发挥市场在资源配置中的决定性作用。依托张江波士顿园、硅谷孵化中心以及在多个国家和地区设立的人才预孵化基地，健全人才、技术、项目、资本一体化的合作、孵化和引进机制，结合"一带一路"战略布局，加强对国际人才资源的整合利用。围绕张江综合性国家科学中心建设，依托蛋白质中心、上海光源、量子卓越中心等大科学基础设施，引进一批国际顶尖人才。加强对张江示范区出国（境）培训支持力度，突出重点，组织专业技术和中长期培训，提高外国人才管理服务的能力和水平。结合张江生物医药、电子信息等产业优势，鼓励外国高层次人才到张江示范区开展研发合作、项目聘用、专题培训、考察讲学、举办国际学术会议等活动。依托张江示范区科技创新功能集聚区以及海外高层次人才基地，建立引智示范基地，承接引智项目并完善配套服务。支持外国人才引入国外先进科研管理理念和机制，充分保障其科研自主权

(续 表)

国家外国专家局　上海市人民政府 共同推进张江国家自主创新示范区建设国际人才试验区合作备忘录 合作内容	
建立健全 外国人才 管理服务 机制	建立外国高层次人才数据库,加强与公安、外交等部门的数据信息共享,设立外国高层次人才服务中心和线上服务平台,构建一站式、多语种服务体系。实施"互联网+"人才信息化工程,开发符合外国人才特点的移动端公共服务产品。定期组织外国高层次人才召开座谈会、举办中文培训班、茶艺讲座等人文活动,帮助外国人才更好地融入上海。注重利用现代化信息传播手段讲好中国故事、传播好中国声音。设立首席外国专家评选制度,对首席外国专家开列特殊服务清单,在实验室定制、创业投资、申报我国科研项目等方面给予特殊保障,在科研经费、专项经费使用上参照国内经费管理办法执行。开展外国高层次人才国际商业医疗保险结算中心建设试点,构建医疗条件和生活保障适应外国人才需要的国际医疗中心。加强外国人才管理服务信用体系建设,创新联动监管服务模式,从重视事前审批逐步转变到重视事中事后监管。完善外国人才表彰奖励制度,对张江示范区发展作出重要贡献、成就突出的外国人才,可授予相应的荣誉称号
探索实施 市场化用 人机制	突出用人单位主体作用,在社会化、市场化评价机制中遴选人才。建立健全外国人才参与我国科技研发和成果转化的体制机制,深化合同管理、议价薪酬、异地工作等用人模式。探索给予外国人才股权激励、技术入股等激励措施。采取政府购买服务等方式,建立健全外国人才的跟踪服务机制,探索寓管理于服务中的保障新模式。培育信息化、产业化的国际人才服务市场体系,逐步放宽外商投资企业设立人才中介服务机构的股比限制,提升人才市场国际化水平

2. 推进国际人才试验区建设工作落实情况

张江高新区管委会、市外国专家局、市出入境管理局于2017年1月共同研究拟订了落实《共同推进张江国家自主创新示范区建设国际人才试验区合作备忘录》(以下简称《合作备忘录》)工作推进计划,明确了具体工作内容、时间节点和工作分工。为持续有效地推进落实相关工作,张江高新区管委会、市外国专家局于2017年2月拟制了《关于建立市政府与国家外国专家局部市合作指导小组及建立定点联系合作工作机制的建议方案》。2017年6月,国家外国专家局批复同意该建议方案,开始实施《部市合作指导小组及定点联系合作工作机制》,紧紧围绕落实《合作备忘录》提出的创新举措,建立健全各项工作落实制度。部市合作推进国际人才试验区建设工作落实情况评估详见本书第九章内容。

(二)深化外籍人才工作和居留的政策、管理和服务创新

在上海市与公安部、国家外国专家局部市合作机制的推动下,张江高新区管委会联合市公安局出入境管理局和市外国专家局开展政策调研、政策建议征集和政策宣传,推进外籍人才工作和居留的政策创新、管理创新和服务创新,为外籍人才创新创业提供良好的服务环境,探索建立具有国际竞争力的人才制度,把张江示范区打造成具有国际影响力的外国人才集聚高地。

1. 联合开展政策调研,汇聚多方建议

坚持需求导向,联合市人力资源和社会保障局、市公安局出入境管理局,由主要领导带队,结合实际深入外资企业开展调查研究,听取企业的人才政策需求。公安部持续推动和支持上海科创中心建设出入境政策措施,包括已经施行的22条出入境政策措施和"聚英计划",以及国家外国专家局批准的推进张江示范区建设国际人才试验区的4个方面23项工作,都是经过联合调研的成果,是结合上海科创中心和国际人才试验区建设需要,结合企事业单位、外籍人才需求,并征求专家意见提出,符合实际,紧扣需求,既有可操作性又有前瞻性。

2. 深入实施海外人才出入境便利化试点

2015年7月1日,公安部在张江高新区管委会和上海市公安局出入境管理局有关建议的基础上,经过充分调研,批准上海市公安局在全国范围内率先实施12项支持上海科创中心建设的政策措施。2015年12月9日,公安部与上海市政府共同签署了《公安部、上海市政府共同推进上海具有全球影响力的科技创新中心建设合作备忘录》,在部市合作框架下,建立了公安部原出入境管理局与张江高新区管委会定点联系合作机制,立足张江示范区政策研究和创新服务前沿,充分发挥"四个平台"作用(即收集信息的平台、交流的平台、政府反馈的平台、研究的平台),积极推进完善并落实公安部批准的各项配套政策措施。2016年12月9日,公安部进一步支持上海科创中心建设"新十条"实施,其中有四条是针对张江示范区"量身定制"的。2017年10月30日,公安部批复同意实施"上海出入境聚英计划(2017—2021)"。"聚英计划"主要涉及"持续出台出入境政策措施""开展外籍人才移民融入计划""参与开展《中华人民共和国国籍法》修订调研""'走出去'开展政策调研宣介、争取人才""不断完善部市合作机制"五大项目。2019年11月19日,公安部与上海市人民政府签署《建立健全移民与出入境管理服务机制 推进实现上海高水平开放合作备忘录》,就充分发挥移民管理职能作用、改革创新移民管理制度机制、先行先试出入境政策措施、促进服务经济社会发展建立合作机制。

 **延伸阅读**

先行先试移民管理政策措施
支持上海高水平开放发展

2019年11月19日,公安部与上海市人民政府在上海签署《公安部上海市人民政府建立健全移民与出入境管理服务机制推进实现上海高水平开放合作备忘录》,就充分发挥移民管理职能作用、改革创新移民管理制度机制、先行先试出入境政策措施、促进服务经济社会发展建立合作机制。公安部副部长、国家移民管理局局长许甘露与上海市委副书记、市长应勇出席活动并签署合作备忘录。

此次签订合作备忘录是公安部和上海市人民政府深入学习贯彻党的十九届四中全会精神,深入贯彻落实习近平总书记重要指示精神,支持上海实现高水平开放、高质量发展的重要举措。公安部、国家移民管理局和上海市人民政府将在合作机制框架下,将上海作为深化移民管理政策制度改革先行先试区,形成更多可在全国复制推广的移民管理服务政策措施和经验做法,积极服务改革开放发展大局,促进中外人员交往交流。

为贯彻落实习近平总书记对上海工作的系列指示精神,推进上海自贸区临港新片区更深层次、更宽领域、更大力度的全方位高水平开放,近年来,公安部、国家移民管理局主动适应上海改革开放发展的新形势、新变化,主动对接上海对移民管理政策的新需求、新期待,立足上海作为我国最大的经济中心城市的实际,聚焦上海当好全国改革开放排头兵、创新发展先行者，建设具有全球影响力的科技创新中心，为构建开放型经济新体制探索新路的时代使命，研究出台了一批在上海先行先试的更加开放的引进外籍高端人才、专业人士来沪工作、科研、交流的停居留政策，更具吸引力的外国人来沪旅游、休闲、学习的出入境便利措施，更具竞争力的鼓励外国人来沪创新、创业、投资的移民管理制度，更具获得感的外国人在沪融入发展的移民服务措施。内容包含对上海自贸区临港新片区引进的外籍人才提供办理长期居留和永久居留便利，在上海试点办理口岸电子签证。上海引进的国际公认杰出成就的外国人，可直接申请永久居留。上海高新技术企业、创新型企业、重点高校、科研机构和金融领域引进、推荐的外籍高层次人才可申请永久居留，获得永久居留资格高端人才可推荐外籍专业人才申请永久居留。新试行的移民管理服务政策措施将有力促进上海及自贸区临港新片区引才引智工作，增强企业竞争力，进一步优化营商环境，促进服务上海的开放发展、改革发展、创新发展、高质量发展。

摘自国家移民管理局门户网

3. 开展政策宣传和解读

为提高外籍人才工作和居留创新政策的知晓率和覆盖面，联合制订宣传计划，利用张江示范区的公共服务平台和海外机构，有计划、分批次地深入园区企业联合进行政策宣讲、辅导及培训。同时编印9项12万册出入境政策宣传手册，寄送张江示范区区域内高校、研究院所、跨国公司总部、外资研发中心、留学生创业园及重点企业等2 000余家单位。同时,还利用在海外建立的联系点和园区积极开展出入境创新政策的宣传和推介工作。

延伸阅读

张江示范区召开青年人才政策宣讲会暨张江青年人才座谈会

2017年6月28日,张江示范区青年人才政策宣讲会暨张江青年人才座谈会在科学会堂正式召开。市张江高新区管委会副主任徐建卯及管委会有关职能部门人员出席会议,来自张江示范区22园90余名代表参加了会议。徐建卯副主任代表市张江高新区管委会致辞,他指出张江示范区的发展与青年人才紧密相关,要进一步发现人才、激励人才、依靠人才,要进一步集聚资源、搭建平台、强化交流,发挥好团委服务青年作用,让青年才俊在张江找到归属感,引导他们扎根张江、大胆创新、砥砺奋进,在推动上海建设具有全球影响力的科技创新中心过程中建功立业。

在宣讲会上,张江高新区综合团委介绍了围绕青年人才开展的相关工作以及后续工作框架;市张江高新区管委会创新处介绍了张江专项发展资金中人才方面的支持举措,以及张江示范区试行的外籍高层次人才永久居留、留学生在张江示范区创业等方面的最新政策;临港漕河泾公司介绍了张江示范区人才服务平台的服务内容;市张江高新区管委会综合处介绍了张江杰出创新创业人才评选工作的相关要求以及支持方式。宣讲政策获得参会青年的广泛欢迎。

政策宣讲会会后，召开了张江青年人才座谈会。来自漕河泾园、上海大学、中科院上海分院、上海农商银行、新松机器人等相关代表出席座谈会。会上大家围绕影响青年发展的住房、知识成果转化、高校与企业互动等问题交换了意见。

本次会议是在市张江高新区综合党委的指导下，市张江高新区综合团委开展的首次围绕青年人才的政策宣讲，旨在进一步提高青年人才对张江示范区相关政策的知晓度，同时深入了解青年人才面临的问题与需求。

摘自张江国家自主创新示范区门户网

4. 构建引才软环境，服务更加主动

上海市政府与国家外国专家局合作备忘录签署后，张江高新区管委会与国家外国专家局建立定点联系机制，开展外籍人才管理服务政策的先行先试。设立外国人来华工作许可和居留许可并联受理综合服务窗口，让申请人入境后"拿一套材料，跑一个窗口"办理工作许可、居留许可、社会保险等手续的工作于2016年10月1日首先在张江核心园落地。设立首席外国专家评选制度，对首席外国专家开列特殊服务清单，在实验室定制、创业投资等方面给予支持，在住房、就医、子女就学等方面给予特殊保障等张江专项发展资金资助政策已有具体实施办法，相关保障工作已经到位。通过对海外高层次人才管理服务机制创新和政策制度创新的探索，为吸引、留住海外人才创造了更好的环境。

公安部支持上海科创中心建设出入境便利化试点政策施行以来,受到了张江示范区外籍高层次人才和外籍华人的高度关注和欢迎,张江示范区和市出入境管理局职能部门密切配合,采取平时定期沟通、特殊情况一事一议、高峰人才主动服务等方式积极为外籍人才服务。截至2018年年底,已为155名外籍高层次人才和外籍华人出具永久居留推荐函和证明函。其中,为123名外籍高层次人才出具推荐函(含2名"诺贝尔奖"获得者);为30名外籍华人出具申请永久居留证明函;为一个顶尖团队2名外籍核心成员推荐了永久居留。同时,还为30名在沪高校留学生办理工作证明,为华东理工大学、上海科技大学、复旦大学、交通大学等单位外籍高层次人才主动提供申请服务。

5. 积极构建出入境管理便利化服务体系

采取联合会商、主要领导多次出面协调等形式,落实了出入境(移民)事务中心场地共约3 532 m²。建立集证件制作、创新政策研究、外籍人才服务等功能于一体的便利化服务体系,并纳入张江专项资金支持项目,项目支持经费3 500万元。

(三)深入实施人才引进培养的载体创新

在深入推进海外人才创新创业基地、留学生产业园建设的同时,建立了张江波士顿企业园、硅谷研发孵化基地和海外人才预孵化基地等海外项目,突出建设国际化人才合作交流平台和落实高端人才引进任务。

1. 推进海外预孵化基地建设

在18个国家和地区设立海外人才预孵化基地,实施人才、技术、项目、资本的一体化整合及先期孵化,已挂牌的有8家,海外合作机构47家,成功引进人才团队32个,落地项目18个,储备人才2 500名,储备项目660个。其中,由王中柯博士团队研发的半导体晶园硅激光切割项目,曾入围美国全球百大科技研发奖,现已在张江松江园落地;日本软性显示项目团队落地张江金山园。建成张江示范区海外人才预孵化微信和英文网站。支持张江示范区宣讲多语言视频和政策解读课件制作;用媒体推广宣传形式向260家海外公司推送张江示范区介绍和政策。

2. 利用项目平台吸引高端人才

以干细胞、量子通信、医学大数据、先进传感器等重大项目平台为载体,建立接轨国际的合同管理、议价薪酬、异地工作的用人模式。470余名国内外专家承担了项目任务。同时,建立项目人才团队劳务合同审核制度,引导承担项目的企业使用兼职的高校院所科研人员。例如,为满足同济大学附属东方医院干细胞转化医学产业基地项目实际引进高层次人才需要,张江高新区管委会将此项目列入张江专项资金资助重大项目,实行框架式经费管理,劳务费不设上限。张江高新区管委会考虑项目执行的实际需求,在项目计划书已确定为明细化预算管理的情况下,2016年1月特批同济大学附属东方医院干细胞转化医学产业基地项目实行框架式预决算管理。该政策创新突破,使得项目资金使用政策更加灵活,对基地能招募到一批年轻富有活力的干细胞优秀人才起到了至关重要的作用。干细胞转化医学产业基地项目中人才预算近8 000万元,占政府资金支持的80%。在充足的资金支持下,通过干细胞人才团队建设所搭建的创新科研平台,吸引并成功引进了诺贝尔奖得主巴里·马歇尔教授,同时也高效带动了医院医教研协同跨越式发展,形成了独特的人才引领弯道超车的东方特色。

(四)不断完善人才管理服务体系建设

在建设具有全球影响力科技创新中心的国家战略中,张江示范区承担着加快推进建设国际人才试验区的重要任务。张江示范区重点支持建设国际人才试验区人才管理服务新型统筹机制,围绕整合张江示范区的政策资源、区域资源、平台资源、产业资源、创新资源、人才资源,开展人才管理服务的体制机制创新,持续完善张江示范区人才服务和管理体系。在原有"1+3"人才服务体系的基础上不断发展,建立完善张江科技创新国际人才研究院统筹管理服务机制,于2017年进一步形成了以张江科技创新国际人才研究院为统筹,以张江示范区人才网、重点领域人才实训基地、产学研联合实验室、各分园人才服务平台及海外人才预孵化基地等为主要抓手的"1+N"人才管理服务体系。"1+N"人才管理服务体系构成了连接张江示范区22个分园的人才服务网络。张江示范区人才工作主要资源如表1.9所示。

表1.9 张江示范区人才工作主要资源

分 类	数 量(个)
张江科技创新国际人才研究院	1
张江示范区人才网	1
各分园人才服务平台	15

(续表)

分　类	数　量(个)
重点领域人才实训基地	14
人才培养产学研联合实验室	23
海外人才预孵化基地	18
众创空间	200
孵化器和加速器	115
海外高层次创新创业基地	31
留学生创业园	11
持证人力资源服务机构	张江示范区约有800,全市1 050,占全市的76%
猎头评测机构	43
人事咨询与人事代理机构	104
人才派遣与外包服务机构	113

1. 积极发挥张江科技创新国际人才研究院统筹联动作用

2016年8月,张江科技创新国际人才研究院成立,作为张江示范区人才管理服务的统筹牵头推进机构,承接张江示范区人才政策研究咨询、人力资源服务、人才创新成果转化对接等工作。2017年,张江高新区管委会进一步加大对张江科技创新国际人才研究院的支持指导力度,赋予其张江示范区人才网和人才服务平台第三方推进平台职能,提高其统筹联动的能级水平和服务效益。通过张江专项发展资金支持张江科技创新国际人才研究院牵头承担张江示范区人才公共服务体系建设任务,推进创新创业人才政策咨询受理一站式服务平台建设,包括人才政策库、人才政策一站式查询系统,以及对示范区人才网的滚动建设和功能完善提升等。此外,张江示范区积极协调和促进张江科技创新国际人才研究院和张江高校协同创新研究院之间加强对产学研供需对接服务的优势互补和集成协作,同时加快孵化和培育一批专业化、市场化、社会化的高水平科技创新服务机构。

2. 推进张江示范区人才网建设

张江示范区人才网作为示范区人才管理服务开放式、在线化的公益性信息服务平台,负责示范区人才供求、科技成果和企业信息的收集、汇总、交汇、整理、归类、采编及网上发布,并依托建设单位上海市科技人才开发交流中心进行线上线下一体化的人才供求和成果资源对接服务。

3. 推进人才服务平台建设试点工作

在张江示范区22个分园已试点建设了15个社会化运作的人才服务平台。各人才服务平台建立人才资源数据库和高层次人才信息登记、人才需求目录发布、人才统计分析等工作制度,并与张江示范区人才网联网,实现人才数据对接,为分园企业和人才提供一站式服务。

4. 改革人才培养模式

联合上海市经济和信息化委员会(经信委)开展重点领域人才实训基地建设试点,已建立重点领域人才实训基地14个,充分利用跨国公司和龙头企业的国际资源,开展面向产业链的人才培养和输送。联合市教委开展人才培养产学研联合实验室建设试点，已建设人才培养产学研联合实验室23个，采取大学学科与园区产业结合的方式，建立导师带教研发、转化成果、承接研发外包、人才共享收益的实验室育人模式。

5. 支持海外人才预孵化基地建设

探索建立企业对接国际高端人才新模式，在美国、英国、法国、德国、瑞典、日本、新加坡等多个国家和地区布局了18个海外人才预孵化基地，根据高端人才需求目录，定向选择高端人才，并通过海外人才预孵化基地进行项目对接和人才引进。实施人才、技术、项目、资本的一体化整合及先期孵化，储备项目250余个，成功引进项目100余个。

（五）深化管理体制改革和制度创新

1. 改革调整科创中心推进机制和张江管理体制

建设具有全球影响力的科技创新中心，是以习近平同志为核心的党中央对上海的明确要求，也是上海推动高质量发展、可持续发展的内在要求。深入推进科创中心建设，必须深化制度创新和体制机制创新。2018年4月，上海市委、市政府批复同意，将上海张江综合性国家科学中心办公室、上海市张江高新技术产业开发区管理委员会、上海市张江高科技园区管理委员会、中国（上海）自由贸易试验区管理委员会张江管理局机构职能整合，重组为上海推进科技创新中心建设办公室（简称"上海科创办"），为上海市人民政府派出机构。挂上海推进科技创新中心建设办公室、上海市张江高新技术产业开发区管理委员会、上海市张江科学城建设管理办公室、中国（上海）自由贸易试验区管理委员会张江管理局四块牌子。上海市张江高科技园区管理委员会更名为上海市张江科学城建设管理办公室。

上海推进科技创新中心建设办公室主要承担上海科创中心建设全局性、整体性工作，协调推进上海科创中心建设相关规划政策、重大措施、重大项目、重大活动；负责协调推进张江综合性国家科学中心建设，组织实施科学合理的管理体制；加强对上海张江高新技术产业开发区建设国家自主创新示范区的战略研究和统筹引导，加强对各园区的统筹协调、综合服务和政策研究；推进张江科学城开发建设，加强张江科学城开发建设统筹协调；落实中国（上海）自由贸易试验区张江片区的自由贸易试验区改革试点任务，负责中国（上海）自由贸易试验区张江片区有关管理工作等。

此次科创中心推进机制和张江管理体制改革调整，实行"一套班子、四块牌子"，即要整合多个管理机构职能，厘清职责分工，建立一套协同高效的推进机制和管理体制。这将更加有力有效地推进科创中心建设，有利于把张江国家科学中心迅速做实做强、做出影响。

上海科创办在全市推进科创中心建设中发挥统筹协调作用，立足全市大局，抓牢工作重点，注重市区联动、开拓创新、资源整合、形成合力，协同推进张江科学城、全市面上科创中心建设，以及"一区22园"的建设。统筹协调张江科学城95平方千米与周边更大范围的规划建设，实现统一规划、统一协调、统一推进，形成全市科创中心建设的强大合力。同时，通过权力的充分下放，把市、区两级审批权限尽可能下放，实现"能放尽放，充分授权"和"张江事、张江办结"。

目前,推进科创中心建设的体制机制已基本建立并不断完善,一批重大创新项目顺利推进,一批重大创新成果相继问世,张江示范区创新活力进一步释放。

2. 成立科技创新人才专门服务机构

上海科创办管理体制改革调整后,全办上下高度重视人才工作,更加聚焦科技创新人才服务,并成立专门内设机构——人才服务处,配备专门工作力量,发挥自身优势与特色,不断提升人才服务质量,搭建人才发展平台,优化人才发展环境,激发人才创造活力,为上海科创中心建设注入持续动力。

上海科创办人才服务处的主要职责包括:一是推进国际人才试验区建设,拟定和组织实施人才发展规划和计划;二是推进人才管理机制创新,协调开展人才创新政策的先行先试;三是构建开放合作的人才服务平台,支持新型人才培养机构和服务机构建设;四是落实外籍专家和外籍人才的管理服务工作,培育和集聚海内外高层次创新创业人才;五是支持人才生态环境建设,配合相关部门落实人才保障措施。

第二章
高端人才集聚与人才发展环境优化

一、推进实施人才高峰工程

(一)上海发布《加快实施人才高峰工程行动方案》

围绕学习贯彻习近平总书记对上海重要指示精神,加快构建具有全球竞争力的人才制度体系,上海市委市政府于2018年3月26日召开人才工作大会,发布了《上海加快实施人才高峰工程行动方案》(以下简称《行动方案》"),在人才"30条"等普适性政策基础上出台打造人才高峰的专门政策。《行动方案》聚焦13个重点领域吸引集聚顶尖人才,按照坚持"国家战略,重点领域";坚持"深化改革,制度创新";坚持"全球视野,国际标准";坚持"量身定制,一人一策";坚持"突出重点,分步推进"的原则,推出了一系列突破性的制度安排,推进更深层次、更大力度的制度创新。《行动方案》提出,要以推进人才高地基础上的人才高峰建设为牵引,为加快建设卓越的全球城市和具有世界影响力的社会主义国际化大都市提供源源不断的人才保障。人才高峰工程行动方案的原则与重点领域如图2.1所示。

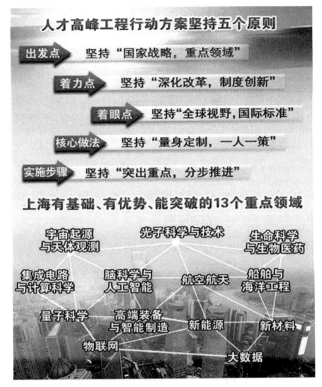

图 2.1　人才高峰工程行动方案的原则与重点领域

1. 聚焦重点优势领域,建立国际通行的人才遴选机制

围绕国家战略需求和战略目标,以更精准、更有针对性、更具吸引力的突破性政策,吸引具有全球影响力的高端人才。聚焦上海有基础、有优势、能突破的重点领域,瞄准宇宙起源与天体观测、脑科学与人工智能、船舶与海洋工程、高端装备与智能制造等方面高精尖缺人才,坚持引进和培养并举、增量和存量并重,构建用人主体发现、国际同行认可、大数据测评的高峰人才遴选机制,不搞大规模申报,实现科学评价、精准选才、前瞻

聚才、择优支持,打造上海"人才梦之队",代表国家参与全球竞争。

2. 创设"四无"机构,打造具有国际竞争力的事业发展平台

着眼建设世界一流的人才发展综合环境,直击人才发展的痛点需求,通过改革来突破制约人才发展的体制机制瓶颈,努力使上海成为国际一流人才的汇聚之地、培养之地、事业发展之地、价值实现之地。为高峰人才量身创设不受行政级别、事业编制、岗位设置、工资总额限制的新型工作机构,探索国际一流的新型人才发展体制和科研运行机制。按需建设定制式实验室,优先配置全球领先的实验仪器设备。优先保障充足便捷的科研场地。优先使用张江国家综合性科学中心布局的大科学装置。科研仪器、设备、试剂、样本等科研辅助用品享受通关绿色通道。

3. 实施"五权"下放,构建国际领先的科研管理工作体制

接轨国际通行做法,构建一流软环境。赋予高峰人才人、财、物支配权和技术路线决定权、内部机构设置权。高峰人才自主决定用人形式、数量、薪酬和评价办法等。实施外部第三方国际同行评估,重点评估绩效的国际学术影响力或市场引领力。建立新型财务管理机制,实行综合预算管理,财务报销从事前备案向事后监管转变。授予高峰人才学术出国自主权,学术出国批次、时间等根据实际需要自主决定。建立行政助理制度,将高峰人才及其团队从行政事务中解放出来。鼓励开展科技成果转化,以现金形式给予个人奖励的,探索按照偶然所得征收个税。开辟知识产权保护绿色通道。

4. 突出"一事一议",统筹推进"一人一策"实施方案

坚持一事一议,成熟一个、启动一个,市人才办发挥牵头抓总的统筹作用,发挥用人主体能动作用、党委综合职能优势,边实践、边完善,探索人才工作新模式、新机制。坚持"以个性化突破解决个性化问题",系统解决高峰人才发展需求问题。高峰人才及其核心团队可享受在沪领取养老金待遇,可使用支持资金购买养老和商业医疗保险。在指定银行开通结汇换汇绿色通道,允许高峰人才及其核心团队成员将在沪薪酬收入、成果转化收益等合法收入汇至境外。

5. 提供经费保障,建立便捷高效的服务机制

设立人才高峰工程专项资金,为高峰人才提供稳定性、持续性、长期性支持。事业发展费用原则上以高峰人才申请的国家和本市项目经费支持为主,人员保障费用不足部分以人才高峰工程专项资金支持为主,每个项目周期支持经费实行一次性预算,按年度直接拨付用人单位。根据科研需求和评估考核情况可以对支持经费进行动态调整。建立高峰人才服务专窗,以政府购买服务、公开招标的方式,择优确定服务承接单位。建立"人事专员制""预约服务制""上门服务制",为高峰人才及其团队提供精准、精细、精品的"一对一"服务。

 延伸阅读

人才新政已历三月 政府做了哪些加减法?

上海发布《人才高峰工程行动方案》已历三月,引才、聚才效应正逐渐显现。

今年3月26日,上海发布人才新政《上海加快实施人才高峰工程行动方案》(简称《人才高峰工程行动方案》),聚焦13个重点领域招徕顶尖人才,其中"量身定制,一人一策"等政策引发广泛关注。更具深远意义的,作为中国最具国际化特征的大都市,上海的鼎新之举,或将带动新一轮国际人才发展体制机制改革。

一、上海,聚世界英才

迈入2018年,"人才大战"无疑是内地城市竞争的一个关键词。新政纷纷出台,各地落户办证大厅一片忙碌景象。上海也不例外,这座中国最大的经济中心城市,对优秀人才的渴望比以往任何时候都要强烈。

今年上海"两会"期间,人才成为代表委员热议的话题。在不少人看来,上海已经是国内公认的人才高地,但建设具有世界影响力的科创中心,上海尚缺乏最顶端的领军人才。

3月26日,上海召开高规格的全市人才工作大会,会上发布了《上海加快实施人才高峰工程行动方案》,其中"量身定制,一人一策""实施高峰人才全权负责制"等一系列突破性的制度安排,引发了广泛关注。

此前,上海曾在2015年、2016年相继出台过"人才20条"和"人才30条"。此番的新政,则是上述普适性的政策基础上,针对打造人才高峰提出的专门政策。

二、新政的效应很快显现

4月2日上午,上海市公安局推出"外籍人才网上申请当场取证"便利措施,诺贝尔奖得主维特里希·库尔特·赫尔曼等6位外籍人才当天获得了永久居留身份证。

这些大师级的学者,正是上海夙夜以求的"人才梦之队"。

在拥有"中国绿卡"的三个月里,上海交通大学数学科学学院讲席教授Tudor Stefan Ratiu无论是去博物馆还是银行,到哪都揣着这张小卡片,出入境时也无需签证。

也有一些小小的问题,他告诉澎湃新闻记者,比如在高铁出行时,系统还没有把"绿卡"纳入其中。但工作人员告诉他,这个问题不久之后就会解决。

三、谋求塔尖

人才高峰工程行动的打响,让上海人才政策迈上了新台阶。

据澎湃新闻记者梳理,今年4月以来,上海市浦东新区、静安区、普陀区、嘉定区等已出台人才新政,不少区也即将升级原有政策。

值得注意的是,这些政策中,既有坚持人才引进的高端导向,有针对顶尖人才的专门安排,同样也兼顾一般性人才和青年人才的培养和扶持。

薪资、户口、住房、医疗、教育……在"人才争夺战"中,最受关注的莫过于种种待遇如何。该"砸"的待遇,上海并不吝啬。例如6月11日,上海市嘉定区推出24条具体人才举措,提出对新引进的顶尖人才采取"一事一议"支持方式,给予最高500万元奖励资助和薪酬补贴,最高2 000万元项目综合资助。同时,新政分门别类,对领军人才、双创人才、青年人才、技能人才等各类型各层次的人才均施行专门的计划。据澎湃新闻记者了解,未来三年,嘉定区还计划通过租购并举等方式,筹措10 000间

"专家公寓""双创公寓"和"青年公寓",不断满足各类人才阶段性居住需求。

事实上,在3月26日召开的全市人才工作大会上,上海市委书记李强就强调,上海要形成门类齐全、梯次合理、充分满足经济社会发展需要的人才体系。

会上明确,上海既需要金领、白领,也需要蓝领,既需要经济发展类专业人才,也需要文化教育等社会事业类专业人才,既需要企业经营管理人才,也需要一线的高技能人才和社会工作人才。

"上海不可能什么都要。"据上观新闻报道,李强在这次大会上说,比之撒胡椒面,上海更需要想明白自己想要什么、最需要什么——"上海要提升城市的全球影响力,必须吸引一批具有全球影响力的大科学家、大企业家、大艺术家等高端人才";同时,"各级各类配套性保障性人才同样重要",而"什么叫人才高地?青年人愿意往那儿跑的地方就是人才高地"。

换言之,在"提升城市能级和核心竞争力"成为整座城市工作重心的当下,上海人才工作的重中之重是高端人才,但夯实人才的"塔基"没有被忽视,同样得到了增强。

四、房子、票子之外

除了"待遇",上海这一轮人才政策改革更重要的关键词应是"放权松绑"。

3月26日,上海公布《人才高峰工程行动方案》,一系列突破性的制度安排令人瞩目:高峰人才创设新型工作机构不受行政级别、事业编制、岗位设置、工资总额限制,赋予他们用人权、用财权、用物权和技术路线决定权、内部机构设置权等。

对志在建设卓越的全球城市的上海而言,借此释放出来的信号是,上海人才工作充分尊重市场规律与国际规则,尊重人才的切身感受。

全市层面的新政公布3个月以来,上海各委办局、各区已经公布的新政中,"放权松绑"同样成为改革的核心要义。

今年4月,浦东新区推出"浦东人才发展35条":"外籍高层次人才可凭其持有的在华永久居留身份证,作为设立科技型企业的身份证明,与持有中国居民身份证人员设立企业享受同等待遇。"

值得一提的,新政不仅试点上海自贸试验区顶尖科研团队外籍核心成员可直接申请在华永久居留,更是突破性地将永久居留推荐权下放给了承担国家、市重大项目的科研团队负责人。

五、政府的加减法

如果说破除体制机制弊端,对于政府而言是"壮士扼腕"式的自我变革,是权力上的减法,那么硬币的另一面则是,政府也需做好加法,营造环境,加强服务。

Tudor Stefan Ratiu告诉澎湃新闻记者,在上海交大,他有着很棒的学术环境和生活环境,这对于那些潜心做研究的学者来说是最重要的。近悦而远来,这位知名的数学家已介绍12位朋友来中国工作。

诺贝尔奖得主维特里希·库尔特·赫尔曼则对于自己所在的上海科技大学硬件设施同样印象深刻,"这里的实验室、工作环境和建筑都是顶尖的。"

随着一批冲击世界一流的重大科研基础设施的落地,建设正酣的张江科学城,无疑成了上海招来顶尖人才的重要招牌。

浦东新区相关负责人介绍,政府还致力打造"15分钟社区生活圈",建设新的文化设施,打造更多的公共空间、慢行步道,提供更加丰富优质的教育、医疗资源,让"太太指数"和"奶酪指数"更加深入人心。

除了科研设施、生活品质和文化氛围的塑造,政府的加法也包括加强服务,提升政策的抵达性。

在过去一段时间里,以政务服务"一网通办"为主要抓手,上海着力推行的"营商环境"改革,正显著提升着整座城市的"软环境"。

摘自2018年6月26日《澎湃新闻》

(二)张江示范区积极推进实施人才高峰工程

1. 张江专项资金支持推进实施人才高峰工程

《上海张江国家自主创新示范区专项发展资金使用和管理办法》指出,专项资金主要用于优化公共服务环境、集聚培育高端人才、促进创新成果转化、打造创新型产业集群等。尤其在为引进首席专家等高层次人才定制专业实验室、科技成果转化支持力度、前瞻性战略布局、劳务费不设上限和重大项目经费管理实行事前框架预算加事后经费决算相结合的管理制度等政策创新,对于吸引和培养人才高峰发挥了较好的作用。

张江专项资金对成功引进经省部级(含)以上有关部门认

定的高层次人才计划人才、领军人才和产业发展急需的外国专家等高层次人才的单位给予补贴；对园区企业购买高端人才引进开发等服务给予补贴；对引进的首席外国专家等高层次人才定制专业实验室给予资助；对由重大科技创新项目引进的首席外国专家，根据其需求提供住房、就医、子女就学等服务保障项目资助。落实对人才的奖励、引进单位补贴、创业资助政策，累计资助金额1.12亿元。

2. 持续推进人才高地基础上的人才高峰建设

张江示范区始终围绕建设具有全球影响力的科技创新中心的总体部署和建设世界一流科技园区的规划目标，结合张江示范区建设实际，以"双自"联动建设国际人才试验区为载体，开展张江示范区出入境管理政策创新和先行先试，落实张江国家自主创新示范区专项发展资金政策，集聚一批站在科技前沿、具有国际视野和能力的高峰人才。全市人才工作大会提出在人才"30条"等普适性政策基础上出台打造人才高峰的专门政策，聚焦13个重点领域吸引集聚顶尖人才，推出了"量身定制，一人一策""实施高峰人才全权负责制"等一系列突破性的制度安排，推进更深层次、更大力度的制度创新。《行动方案》公布后，张江示范区着眼于引进一批站在科技前沿、具有国际视野和能力的高峰人才，联合市外国专家局、市出入境管理局及相关单位赴企业和科研单位开展高峰人才需求工作调研。

一是积极主动服务外籍高层次人才，为其办理永久居留推荐函。充分利用公安部支持上海科创中心建设赋予张江示范区外籍高层次人才申请永久居留的推荐权，积极为张江示范区内的企业、高校及研发机构服务。在得知华东理工大学和上海科技大学引进诺贝尔奖获得者时，主动联系用人单位领导，主动为高峰人才服务，积极协调市出入境管理局，开辟"绿色通道"。

二是利用项目平台吸引高端人才。在国家外国专家局的大力支持下，上海市外国专家局牵头本市有关行业主管部门和引智项目单位，围绕上海张江综合性国家科学中心项目、大型客机研制、商用航空发动机研制、质子重离子尖端医疗设备等国家和上海市重点建设项目，大力引进重点领域高端外国专家。张江示范区在量子通信、干细胞、太赫兹、大数据等11个重大项目上集聚国内外顶尖人才400余人。从产业来看，集中在生物医药、集成电路、软件三大主导产业的人员超过50%，其中不乏一批国内外高端人才。如上海科技大学、张江实验室、上海光源、软X射线自由电子激光用户装置、超强超短激光实验装置、硬X射线自由电子激光装置、李政道研究所，已集聚一批全球顶尖科学家和科研人才。

 延伸阅读

李政道研究所建设在张江科学城正式启动

2018年8月29日，李政道研究所实验楼建设在张江科学城正式启动，预计2020年6月完成基本建设。作为张江综合性国家科学中心的重要组成部分，李政道研究所将产生一批对人类发展具有里程碑意义的科学成果，为上海建设具有全球影响力的科技创新中心贡献力量，并致力于为世界科技进步和人类文明发展作出重大贡献。李政道研究所实验楼规划用地位于张江科学城孙桥科创中心单元，规划总用地面积约2.7万平方米，总建筑面积约5.6万平方米，前期将重点建设暗物质与中微子、实验室天体物理、拓扑超导量子计算三个实验平台。

上海交通大学校长、中国工程院院士林忠钦表示，作为李政道研究所的依托单位，上海交通大学将以最大的热忱、最认真的努力来建设属于中国和世界、引领国际基础物理研究的一流研究所，主动对接国家和城市发展战略，助力上海建设具有全球影响力的科创中心，为建设上海张江综合性国家科学中心作出贡献。

李政道先生是开创华人获诺贝尔奖历史的物理巨擘，2018年4月正式受聘担任李政道研究所名誉所长。2004年度诺贝尔物理学奖获得者弗朗克·维尔切克获聘为李政道研究所首任所长，他表示，李政道研究所将建成为物理学与天文学基础研究的平台、培养新一代科研人员的平台以及提升科学文化的平台。维尔切克说："在物理学领域有许多富有创造性的研究工作亟待完成，既是为了提升人类知识，也是为了实用目的。重大科学问题与重大机遇并存，世界各国还没有完全准备好迎接挑战。上海和中国蕴藏着丰富的文化遗产，以及快速增长的财富与信心，它们将为此作出巨大贡献。今天我们朝着正确的方向迈出了一大步。"

据悉，李政道研究所已与世界多个实验室形成广泛的合作，多位世界级杰出学者来访合作研究，目前已经汇聚了包括弗朗克·维尔切克在内的20余位知名科学家和青年学者。他们当中，诺贝尔奖获得者1人、中央或上海"海外高层次人才引进计划"5人、长江学者奖励计划5人、杰出青年科学基金获得者11人。

摘自2018年8月31日《浦东时报》

二、推进全球创新创业人才集聚

(一)深入开展吸引外籍人才的政策创新

为推动国际人才试验区建设有关创新政策的落实,在国家外国专家局和上海市政府的指导下,张江高新区管委会协同上海市外国专家局、上海市公安局出入境管理局围绕建设具有全球影响力的科技创新中心和建设张江综合性国家科学中心的国家战略,以"让有志于来华发展的外国人才来得了、待得住、用得好、流得动"为目标,深入开展吸引外籍人才的政策创新,积极推进国际人才试验区建设。

1. 出入境政策和管理的创新

上海市政府与公安部建立战略合作关系,并在张江高新区管委会设立联系点,重点推进人才出入境政策创新的先行先试。自2015年7月以来,在全国率先试点了降低外国人永久居留证申办条件、放宽外籍人才就业年龄、简化入境和居留手续等累计25条集聚海外人才的政策组合拳,确立市场、单位、行业的人才评价决定权。其中,对外籍人才来沪创新创业的认定条件进一步与市场化评价机制接轨;对重点领域和行业引进的外籍人才取消了60周岁的年龄限制;对符合认定标准的外籍高层次人才,经张江高新区管委会推荐,可直接申请在华永久居留;

对我国高校的外国留学生毕业后实行直接在张江示范区创新创业的政策；对在张江示范区内企业聘雇或邀请的外籍人才，未持签证来华的，可持相关证明向上海口岸签证机关申请人才签证，入境后按规定办理居留许可；对在张江示范区工作满4年的外籍华人，经张江高新区管委会证明可申请永久居留；对外籍高层次人才随行的外籍私人服务人员提供居留便利，满足个人工作生活需求；由张江示范区引进的外籍首席专家和科技领军人才，经张江高新区管委会认定后可推荐并担保其科研团队中不超过6名外籍核心成员申请在华永久居留；在张江示范区区域内单位工作的外籍人才，经张江高新区管委会确认，可以在张江示范区内兼职创新创业，即突破外国人只能在一家单位工作的限制，为外籍人才充分施展才能提供广阔的舞台。国内重点高等院校或境外知名高校毕业后2年内来上海创新创业的外籍优秀毕业生在张江示范区内连续工作满3年，经张江高新区管委会确认即可申请永久居留。

2. 为境外留学生在沪工作及创新创业提供便利

依据上海市委办公厅、市政府办公厅印发《关于深化人才工作体制机制改革促进人才创新创业的实施意见》的相关精神，张江高新区管委会2015年制订了《上海高校外国留学生到张江示范区工作办理工作证明的办事指南》，允许在上海高校毕业的具有硕士以上学历学位的外国留学生被张江示范区企业聘用的，经张江高新区管委会出具证明可以直接办理工作居留。《关于进一步深化人才发展体制机制改革加快推进具有全球影响力的科技创新中心建设的实施意见》文件颁发之后，

2016年张江高新区管委会又将外国留学生在张江示范区办理工作证明的要求从硕士学历和学位放宽到本科及以上学历。2017年,依据上海市人力资源和社会保障局、上海市外国专家局《关于外籍高校毕业生来沪工作办理工作许可相关事项的通知》的相关规定,制定并印发了《境外高校外籍毕业生到张江国家自主创新示范区工作办理工作证明办事指南》。在国(境)外高水平大学取得本科及以上学位,拟应聘在张江国家自主创新示范区内的跨国公司地区总部、投资性公司和外资研发中心的优秀外籍毕业生,经上海市张江高新技术产业开发区管理委员会出具证明可申请办理外国人来华工作手续。

3. 实现外国人来华工作许可和居留许可并联审批模式

2016年10月,在张江示范区核心园行政服务中心设立了外国人来华工作许可和居留许可综合受理服务窗口,让申请人入境后"拿一套材料,跑一个窗口"办理工作许可、居留许可等手续。

(二)强化基于市场的引才机制

近年来,张江示范区引进人才的市场导向逐步确立,评价方式渐趋多元,为重点领域和重点产业发展集聚了一大批高端人才和紧缺急需人才。

1. 进一步强化市场发现、市场认可、市场评价的引才机制

主要以薪酬评价、投资评价和第三方评价(行业协会)等市场化方法引才聚才,强化"经由市场主体评价并获得市场认可"的主体评价标准,针对科创人才,分别以创业企业入驻上海科技企业孵化器、获得创业投资的能力、从事技术转移和科技成果转

化服务并完成技术交易的数额等作为主要衡量标准,弱化传统的学历、职称、奖项等评价标准。

2.充分利用国际著名人才机构服务优势配置全球人才资源

人力资源服务业已成为张江示范区现代服务业重要组成部分。一大批国际、国内具有影响力的人力资源服务机构总部设在张江示范区,其中包括德科(Adecco)、万宝盛华(Manpower)、任仕达(Randstad)三家"世界五百强"人力资源服务机构,海德思哲(Heidrick& Struggles)、光辉国际(Korn/Ferry)、亿康先达(EgonZehnder)、史宾沙(Spencer)、罗盛(Russell Reynolds)国际五大战略咨询兼猎头机构,以及国际排名前二十位的人力资源服务机构等。国内大型人力资源服务机构也均落户张江示范区。张江示范区持证人力资源服务机构约800个,占上海市的76%;猎头评测机构43个,人事咨询与人事代理机构104个,人才派遣与外包服务机构113个。招聘、派遣、培训、人才测评、高级人才寻访、人力资源管理咨询等人才服务功能齐备,国有、民营、外资多种所有制共同发展的格局已经形成,市场配置人才资源决定性作用得到有效发挥。

在人力资源市场培育上,不断推进简政放权,扩大对外开放。依托自贸区进一步扩大人力资源服务业对外开放力度,允许设立外商独资人力资源服务企业。目前已有4家外商独资企业顺利取得人力资源服务许可证。持续深化园区建设,协同产业布局。闸北分园"中国上海人力资源服务产业园区"大胆探索,先行先试,寻找适合的发展模式。目前园区及周边已集聚人力资源及相关企业200余家,2017年园区企业实现税收13.86亿元。张江示范区人力资源服务业规模逐步壮大，能级不断提升，环境持续优化，基本形成专业化、信息化、产业化、国际化的人力资源服务体系。服务业态不断丰富，呈现出多层次、各角度的发展趋势，引领全国人力资源服务业业态发展的新动向。

三、优化人才发展服务环境

（一）为高层次人才提供创新创业服务支持

1. 完善创新创业服务平台建设

在创新创业平台载体建设方面，张江示范区围绕张江国家综合性科学中心建设，积极筹建张江实验室，启动首批中微技术工业研究院、生物医药产业技术、石墨烯产业技术、集成电路产业创新服务、临港智能制造等"1+4"平台建设，广泛吸引全球创新创业人才和管理团队加入。依托自贸区深入推进海外人才离岸创新创业基地建设，突出"自贸区内注册、海内外经营"，为留在国外的人才畅通报国之门，为有志来华创新创业的外籍人才搭建平台。深入推进博士后工作与企业科技创新的结合，目前近70%的设站企业的博士后工作平台建立在科技创新平台中。市研发公共服务平台管理中心与爱思唯尔合作建设上海国际科技专家人才信息数据共享平台，提供信息储备和参考依据。

张江示范区大力开展创新创业即"双创"示范工程，着力推进众创空间建设，对118个孵化器和加速器、220余个众创空间加大政策引导和财政资助，形成大院大所+创客、央企总部+

创客、科技园区+创客、投资机构+创客和产业基地+创客等嵌入式、专业化、精品化创客空间。并打造"创客加"连锁空间、"飞马旅创业立方"等创客空间新品牌,目前,张江示范区内的众创空间约有1/3由外国人参与建设或以开展国际项目开发为主,具有明显的国际化特点。

2. 为外籍高层次人才提供创新创业支持

设立外籍首席专家评选制度。对外籍首席专家开列特殊服务清单,在实验室定制、创业投资和住房、就医、子女就学等方面研究出台特殊保障举措,为外籍人才不断提供创新创业的便利。外籍首席专家评选按国家外国专家局和市外国专家局的统一安排进行,具体资助办法已在《上海张江国家自主创新示范区专项发展资金资助政策》中体现。2017年支持为诺贝尔奖科学家华东理工大学特聘教授伯纳德·费林加(Feringa)定制专业实验室。完善外国人才表彰奖励制度。将外国人才纳入"张江杰出创新创业人才奖"评选范围,对获奖者给予奖励。此外,还积极开展外国人融入服务工作,帮助外国人才更好地融入中国、融入上海。

 **延伸阅读**

上海首批!两名诺贝尔奖得主将在张江拿到中国"绿卡"

近日,一位外国科学家走进上海市出入境管理局,办理了永久居留身份证申请手续,市出入境管理局、市张江高新区管委会、华东理工大学的工作人员全程陪同。他就是诺贝尔化学奖得主、华东理工大学客座教授伯纳德·费林加。2017年年底，他将与上海科技大学特聘教授库尔特·维特里希一起，成为首批来沪工作并拥有"中国绿卡"的诺贝尔奖得主。2016年，费林加因"设计并合成分子机器"获得诺贝尔化学奖。今年10月，他出任费林加诺贝尔奖科学家联合研究中心外方主任，每年来沪工作，带领华东理工团队研发新材料。"我们在研发光刺激响应性材料，它像眼睛一样，能对光的变化作出性能响应。"费林加告诉记者："我们还在研发自修复材料，希望它像人体组织那样，能自我修复。"这些智能材料在医疗、电子、节能等领域有广泛的应用前景。

作为2002年诺贝尔化学奖得主，维特里希正在带领上科大课题组，利用液体核磁共振等技术，探析人体内G蛋白偶联受体的分子机理。这种原创性研究有望催生以G蛋白偶联受体为靶点的新药。

据了解，外籍科学家过去在中国工作，通常要在签证规定时间内离开中国，或在签证到期前重新申请，此外，在出行、购房、医疗等方面均有诸多不便。2017年，作为中央全面深化改革的成果，外国人永久居留身份证启用。持有这一证件的外国人，在我国境内很多事务上享有"国民待遇"。根据公安部支持上海科创中心建设的"新十条"，市张江高新区管委会为30名外籍高层次人才出具了永久居留推荐函。其中，就包括费林加、维特里希。

市张江高新区管委会分管领导表示，党的十九大报告指出，要"培养造就一大批具有国际水平的战略科技人才、科技领军人才、青年科技人才和高水平创新团队";作为创新发展先行者,上海亟需引进一批高峰人才,并营造很好的工作和生活环境,让他们带领团队开展前沿科技研究。

谈及上海政府部门的服务,费林加用了"fantastic"(好极了)一词,因为从体检到办理永久居留手续,他都走了"绿色通道"——相关部门简化流程,收到预约后很快安排,派工作人员全程陪同。

令他同样感到"fantastic"的是,费林加诺贝尔奖科学家联合研究中心得到了"张江专项发展资金"重点项目资助,市张江高新区管委会、徐汇区政府、华东理工大学联合出资,为他定制实验室,推动智能材料基础研究及其成果转化。"我们会把它打造成世界顶级实验室,在做出创新成果的同时,培养一批青年科技人才,并吸引全球知名科学家加入我们团队。"费林加说。

摘自2017年12月4日《解放日报》

(二)引导社会各类优质资源提供人才服务

1. 持续推进人才市场化进程,不断完善和拓展各项试点工作

近年来,上海以张江示范区为先行先试平台,共有11个委办局与张江高新区管委会协同开展人才政策制度创新的先行先试。包括人才服务平台建设试点、企业信用管理服务平台建设试点、重点领域人才实训基地建设试点、人才培养产学研联合实验室建设试点、知识产权服务平台建设试点、企业专利联盟建设试点、科技融资服务平台建设试点和科技中介服务平台建设试点等。通过进一步简政放权,让试点单位突破原有的体制内服务平台模式,突出市场对资源配置的决定作用,形成"政府引导+市场化运作"的平台建设模式。

各级政府不增设管理机构,不直接参与具体事务,主要通过加强规划引导、政策创新、协调服务等方式指导区域建设。各类型的创新服务平台和专业化服务机构,在张江示范区区域内打造了一系列"不占土地、没有土建"的创新生态"基础工程"。通过试点探索新型服务模式,引导社会各类优质资源为示范区服务。

2. 建设人才服务和培养平台,深化人才服务体系建设

截至2017年年底,按计划有序开展人才服务和培育第四批试点工作,人才服务平台、人才培养产学研联合实验室、重点领域人才实训基地三类试点,共新增试点单位7个,各类试点平台达52个。试点平台全部由民营企业或社团组织承建,构成了社会化的人才服务和培养体系。

一是利用跨国公司培养人才。联合市经信委开展重点领域人才实训基地试点,充分利用跨国公司和龙头企业的国际资源,开展面向产业链的人才培养和输送。14个重点领域人才实训基地所属行业分别涉及化工、航天、化工新材料、检测、专业化设计服务(3D打印)、半导体光电子、现代科技服务、船舶、金融、知识产权、智能化高端医疗器械开发设计、机械与焊接技术等不同领域。其中,在索尔维、通标标准等跨国公司建设的实训基地,实现了人才、技术和管理模式的溢出,参与实训的人才3 000余人,被产业链相关企业聘用1 280人。

二是改革高校人才培养模式。联合市教委开展推进校企

共建人才培养产学研联合实验室试点,采取大学学科与园区产业结合的方式,建立导师带教研发、转化成果、承接研发外包、人才共享收益的育人模式,并对进入实验室工作的研究生给予学分,对实验室建设给予资助。已创建的23个实验室,所属行业分别涉及化工、生物医药、通信、装备制造、智能物流、信息安全、电子商务、工业自动化仪表、汽车空调、纳米材料、生物酿造等不同领域。累计培养人才5 048人,其中研究生以上学历2 500余人。

三是优化人才服务试点平台服务质量。张江示范区人才服务平台以符合张江示范区特点的人才管理服务机制为核心,以分园人才服务平台为载体,探索创新人才服务模式,促进园区人才服务工作科学化、系统化、规范化和社会化发展,加快国际人才试验区积累经验。张江示范区22个分园已试点建设了15个社会化运作的人才服务平台,由专业的民营企业或社团组织承建,通过政府购买服务等方式,引导整合人才服务的社会资源。人才服务平台建设重点优化三项服务:第一,优化外籍人才的跟踪服务,对外籍人才定期寻访、跟进服务,寓管理于服务之中。第二,优化一站式人才服务,将人才需求目录发布、人才政策咨询、人才培训、创业指导、人才落户、财税政策、人才公寓申报、企业注册等服务事项汇聚集成,形成线上咨询受理、线下协调办事的服务机制,实现一口受理、一站服务。第三,实施"互联网+"人才信息化工程,开发符合外国人才特点的移动端公共服务产品。并依托在张江示范区各分园出入境便利化服务点,扩大对外国人才服务范围。

第三章
人才发展需求与促进举措

一、张江示范区人才发展需求

当前,张江示范区对人才的需求持续增长,推进建设国际人才试验区的任务更为紧迫和繁重。亟需进一步聚焦市委市政府推进科创中心建设的重大任务部署,深化改革,创新举措,面向全球集聚高端人才,全力推进上海科创中心建设。重点围绕上海科创中心建设新需要、国内外人才竞争新态势和人才发展新需求,推动海外人才工作与张江综合性科学中心建设、科技创新和经济产业发展相融合。

(一)人才队伍结构和布局有待进一步优化

1. 高层次创新创业人才仍然紧缺

上海高层次创新创业人才在集聚规模、专业水平上已居于全国领先地位,但距离上海科创中心建设的战略要求还有不少差距,同伦敦、纽约等世界城市相比,人才队伍的国际化、高端化、市场化差距仍然较大。张江示范区内的国际化高层次人才的总量与美国硅谷等人才集聚地相比依然存在较大的差距。人才发展还不能完全适应张江示范区产业发展需要,特别是建设国际人才试验区所需要的顶尖人才还比较缺乏,科技创新"高峰人才"还达不到全球科创中心要求,人才队伍的结构需要大力优化。例如,科技人才队伍存在结构性短缺,主要表现可以概括为"三多三少":人才总量多,领军人才少;研发人才多,创新创业人才少;高校院所人才相对比较多,企业人才相对少。高层次创新创业人才数量相对不足、能级相对不高,具有国际竞争力和全球影响力的世界级科学家、企业家、投资家较为缺乏,既通晓现有国际规则,又有能力参与新规则制定的战略人才还远远不够。在海外高层次人才引进过程中,一些用人单位还是以招聘国内人才的传统、粗放形式引进海外人才,力度和效率都受到了制约。

2. 高技能人才数量仍然短缺

当前,张江示范区技能型人才既存在总量不足的问题,也缺乏合理高效的培养开发机制。以生物医药产业为例,上海市10万余从业人员总量中具备一定专业技术水平的技能型人才占比仅约10%,在张江示范区内专业从事生物医药技术研发创新的技能型人才仅有数千人。造成这一问题的原因主要在于:一是高校、科研院所的研究领域与示范区内的重点产业、重点企业之间缺乏有效的配合衔接,许多高校、科研院所的学科设置不能有效满足张江示范区前沿科技研究和新兴产业发展的人才需求;二是缺乏对于重点企业人才培养的促进与扶持机制,企业难以结合自身需求来实现后备人才的培养,其在人才队伍建设方面的投入力度及相关的促进机制都有所不足。

张江示范区的人才工作需要进一步坚持需求导向、问题导向、效果导向，不断优化人才结构、提高人才素质，突出高端引领，统筹抓好各级各类人才队伍建设，加快构建与上海"五个中心"建设相适应的人才结构布局。

（二）人才发展体制机制有待进一步突破

1. 配套政策供给仍显不足

人才改革的"四梁八柱"形成之后，如果配套措施和细则不到位，原有一些突破性政策可能就被架空。需要加大配套措施细化支撑力度，紧盯政策落实、落地、落细，真正破除各项障碍，向用人主体放权，为人才松绑。对于国家和本市出台的《实行以增加知识价值为导向分配政策的若干意见》、人才"30条"《上海市促进科技成果转化条例》等重要人才政策法规，仍存在相关配套措施不到位的情况，从而使得一些新出台的突破性政策被架空。由于配套政策及实施细则不能及时跟进，具体操作方式不够明确，给用人单位和人才个体带来困惑，致使人才政策在一些单位的执行和落实效果不佳。在促进科技成果转化方面，因成果转化指标未纳入考评体系，高校推动科技成果转化源动力不足。在岗或离岗创业政策执行不到位，导致私下兼职兼薪现象普遍。

2. 对高层次人才个人所得税改革的诉求较为普遍

不少高层次人才反映，个人所得税缴纳比例较高，税率高于新加坡、香港等国际性大都市，个人承担的税负较重。国内一些省市则采取了根据贡献度给予奖励等形式来减轻个人税负负担。比如,同属长三角区域的江苏省2017年就出台了《关于切实减轻企业负担的意见》,提出"使引进人才的实际收入等于其工资薪金的税前收入"。而目前本市市级和张江示范区层面均未出台有关个人所得税优惠的政策,仅临港新片区支持税负差额部分补贴。

(三)人才政策不平衡问题较为突出

1. 政策覆盖的不均衡问题

目前针对高端人才、特定行业人才的政策比较多,对于青年创新创业人才的政策较少。人才"30条""人才高峰行动方案"等新政对全球顶尖科学家、高校和科研院所研究人员等关注比较多,对企业经营管理人才、特殊专才、科技服务业人才、国际创客等关注不够,这些群体迫切希望人才政策的覆盖面能够更广一些。

2. 张江示范区区域内存在政策落实不平衡问题

如市级层面在张江科学城先行先试的一些人才政策,主要有:张江科学城人才办事窗口"无否决权"改革试点、涉及外籍人才"多证联办"试点、探索建设"区内注册、跨境经营、远程托管"的自贸区海外人才离岸创新创业基地等试点政策,尚不能在整个张江示范区区域内推行,存在各分园之间的不平衡问题。还有一些人才新政在实施以后,各分园贯彻落实情况不平衡。多数分园能够及时部署落实,结合本区域实际研究制定实施办法,但有的分园推进速度缓慢,在执行、配套、服务保障等方面缺少具体的部署和措施。

(四)海外高层次人才精细化服务有待改进

1. 海外人才出入境便利化服务有待进一步提升

中美贸易战造成人才引进和交流等壁垒,但当前上海一些大科学设施及张江实验室等迫切需要引进外籍高层次人才,亟需出台更加适合科创中心建设需要的政策措施,对于上海科创中心建设急需的人才,特事特办,给予长期居留许可或推荐永久居留。国家《关于加强外国人永久居留服务管理的意见》提出,推动落实永久居留外国人资格待遇方面的具体举措,明确了永久居留外国人在出入境、就业、购房、办理金融业务、申领驾照、子女入学、交通出行、住宿登记、社会保险等方面的资格待遇,要求有关部门明确本部门职责范围内永久居留外国人享有国民待遇的事项范围,并对外公布和加强落实。但是,目前的政策落实存在一定的滞后性,永久居留证在某些行业、特殊领域仍然存在不能被识别的困难,相关部门在配套保障方面还达不到职责要求,张江示范区乃至市级层面也还没有形成一个完整的永久居留资格服务保障体系。

2. 外国人才的社会融入还存在一些困难

尽管上海的国际化程度比较高,海外人才集聚、中西方文化交融,但海外人才尤其是非华裔外籍人才由于语言、文化的差异,在适应工作环境和社会融入方面还存在一些困难。大多数政府部门网站的政策信息、办事栏目都只有中文版,外国人才获取相关信息不够方便。目前已有古北、碧云、联洋、黄浦江滨江沿线等知名国际社区，但配套较为完善的国际社区数量与国际人才日益增长的文化生活需求还不相匹配。

（五）国内人才引进落户政策有待完善

在国内人才引进方面，上海已经出台《上海市引进人才申办本市常住户口试行办法》《关于服务具有全球影响力的科技创新中心建设实施更加开放的国内人才引进政策的实施办法》等政策，为创新创业人才落户提供了便捷通道，但在实际操作中，相关人才引进落户政策的便捷性、针对性和可操作性仍有待提升。

1. 高新技术企业引进人才落户政策尚未用好

企业反映高新技术企业认定门槛较高，影响企业申办引进人才落户。申请高新技术企业认定，目前的政策规定将销售收入作为硬性要求，由于大量初创型企业早期研发投入较大，往往未产生销售收入（如生物医药行业），导致无法申请认定高新技术企业，直接影响企业获得引进人才落户资质。也有企业反映，母公司作为高新技术企业具备人才引进落户资质，但是新成立的子公司往往暂时无法具备高新技术企业申请条件，因此导致正常流动到子公司工作的人才无法享受高新技术企业引进人才落户政策。

2. 企业家、创业者落户政策要求不够合理

例如，企业家落户对企业纳税的要求，政策规定连续3年利润率或主营业务收入增长10%以上，应纳税额不低于1 000万元的企业的法定代表人或持股不低于10%的创始人可以落户。一些企业反映，虽然公司营业收入上亿元，但往往将营业收入再次投入研发，购买大量专利或设备使得增值税进项抵扣后，纳税

较少,不符合"上年度应纳税额不低于1 000万元",无法享受企业家落户政策。

(六) 人才发展综合环境有待进一步优化

1. 人才安居方面供需矛盾突出

住房问题是近年来上海人才环境建设中的一块主要短板,是引进人才和留住人才的最大瓶颈之一。由于上海生活成本居高不下、房价高,大量人才面临买不起房、租房贵等问题,给企业招聘人才和留住人才带来巨大的压力,严重制约了张江示范区吸引全球优秀人才的竞争优势。居高不下的生活成本令一些外国高层次人才也"望而却步",而其他省市的人才发展环境和科研基础条件则不断改善,导致上海创新创业人才引进难度加大、流失现象明显。

2. 国际教育和国际医疗资源的需求与保障矛盾突出

教育、医疗等优质公共服务资源还存在不平衡、不充分的情况,尚不能有效满足外国人才在生活服务配套方面的需求,如外籍人才在使用国际医疗保险方面存在诸多不便。海外人才子女教育难题也没有得到有效解决,具有招生资质的部分学校国际部存在教育质量偏低、不符合海外人才需求、部分学校外籍教师缺少资质等问题。

二、促进人才发展的若干举措

建设具有全球影响力的科技创新中心,不断增强创新策源能力,在"人才高地"基础上打造"人才高峰",需要进一步推进国际人才试验区建设,加快构建具有全球竞争力的人才制度体系,努力建设世界一流的人才发展环境,让上海成为天下英才最向往的地方之一。

(一)深入推进国际人才试验区有关政策措施的先行先试

在既有工作基础上开展深入调查研究,以吸引外籍高层次人才及创新人才为重点,向国家有关部门争取更为有效、管用的外籍人才管理服务政策措施,在张江示范区先行先试。

1. 持续深化部市合作

推进公安部、国家外国专家局与市政府合作定点联系机制落实,加强与市出入境管理局、市外国专家局等委办合作,加强政策研究,为上海科创中心建设提供更具国际竞争力的人才政策保障。充分发挥"双自联动"优势,推进人才政策先行先试,率先探索建立永久居留证综合服务保障体系,争取国家授权,指定牵头部门,多部门合力推进,完善相关配套设施,保障持有中国永久居留证的外籍人才在子女教育、卫生医疗、投资创业等方面享受国民待遇。不断查找政策制定和落实中存在的问题和不足,对不同层次的人才精准施策,加快集聚、培育各类创新人才。积极发挥先行先试联系点的作用,为国家提供更多可复制、可推广的引智政策措施。

2. 依托张江综合性国家科学中心着力推进国际人才试验区建设

承担先行先试改革试点任务,在科研经费管理、高端科创人才引进和激励、科技成果转化等改革重点难点领域先行先试、大胆探索，着力突破体制机制瓶颈制约，释放科研机构和人才创新活力。加快支持建设一批大科学设施群，统筹相关科研资源，搭建人才创新平台，不断提升张江示范区对全球高端创新创业人才的吸引能力。围绕张江综合性国家科学中心建设，依托蛋白质中心、上海光源、量子卓越中心等大科学基础设施，引进一批国际顶尖人才，吸引全球顶尖的科学家团队和项目资源。

3. 持续完善集聚海外人才配套政策

借鉴其他省市的探索经验，争取国家有关部门支持，在张江示范区试点外籍人才（包括外籍华人、获得永久居留权的外国人）以内资的身份以人民币进行工商登记注册，开展海外人才股权激励、缴纳补充社保、境内执业试点，放宽外籍人才申请科研项目、技术转移项目、创新券等限制。加大外国人公共服务体系建设，充分发挥在张江科学城核心区设立的全国首个"外国人永久居留事务中心"的作用，为外籍人才提供工作、学习、生活所需的语言培训、就业、法律等一站式服务。

（二）深入推进人才政策突破和体制机制创新

1. 推进落实人才高峰政策措施

落实《加快实施人才高峰工程行动方案》的有关精神，聚焦上海科创中心建设的重点领域和重大项目中重点人才团队，加大服务支持力度，建立人才服务统筹协调机制，协调落实出入境、落户、税收、医疗等方面的优惠政策，促进人才团队落沪和项目落地。先行试点支持一批高峰人才,尽快建立新型人才发展体制和科研运行机制,促进重要科技领域和重大产业领域涌现一批具有国际领先水平并拥有自主知识产权和核心技术的科技成果和产业项目。鼓励相关职能部门、开发园区、集团公司根据产业需求和产业发展方向提出岗位需求,围绕张江综合性国家科学中心建设,引进一批国际顶尖人才;利用张江专项资金,结合重大项目建设需要,建立定向引才机制,在产业集聚地、知名高校和科研院所开展人才专项招聘。探索构建国际一流的新型人才发展体制和运行机制,建设具有国际竞争力和全球感召力的事业发展平台。

2. 继续推进人才"30条"在张江示范区落实落地落细

进一步为用人主体放权,为人才松绑,强化政策的精细化和精准化,确保好政策真正落地见效。围绕"不协调、不配套、不落地"等瓶颈问题,重点协调突破,进一步解放和增强科研人员的创新活力,切实为人才创新创业提供良好环境。加大政策宣传力度,通过传统媒体和网络自媒体宣传、政策学习培训等多种方式,提高政策知晓率。完善由政府引导、市场调节和社会服务等多方统筹的推进机制。更好地发挥政府作用,加强引导,发挥市场在资源配置中的决定性作用,发挥社会组织中介服务作用,充分利用各类社团组织的力量,促进相关政策措施更好地贯彻落实。

3. 试点探索高层次人才个人所得税优惠

充分借鉴粤港澳大湾区和上海自贸区临港新片区经验,创新试点税收政策,吸引国际高层次人才入沪。向国家税务部门积极争取在生物医药、集成电路、人工智能、航空航天等重点产业领域的"双自"区内境外高端、紧缺科创人才个人所得税税负差额部分给予补贴。同时,加强与国家税务总局的对接,针对一些来自同中国有税收抵扣国家的高层次科创人才,出台处理双重征税的相关细则。

(三)打造高层次创新创业人才集聚新高地

1. 聚焦上海科创中心建设打造创新人才集聚新高地

加大全球布局和联系程度,建立张江示范区与硅谷、伦敦、波士顿等世界级创新城市的交流与合作平台,探索建立国际科技合作联盟、国际科技合作基地、国际科技产业合作园区。支持资助高校院所、科技企业联合创办国际大学、实验室、跨国合作协会组织等,吸引国际知名高校技术转移办公室、国际技术转移促进和服务机构在张江、自贸区设立分支机构。前移海外人才引进工作端口,整合现有海外人才工作站点,提升引才功能。充分发挥中国国际进口博览会的平台作用,举办人才高峰论坛、创新创业论坛,促进技术、项目对接。聚焦基础研究、原始创新,引进一批全球顶尖科学家和科研骨干人才;聚焦高科技产业发展需要,引进一批通技术、懂产业、善创造的科技领军人才、青年人才和高技能人才。注重优化人才结构,对不同层次人才进行科学分类,建立科学合理的人才认定评价机制,强调以能力、业绩和贡献为主的人才评价导向。

2. 聚焦海外人才创新创业需求导向,搭建支持人才创新创业的事业平台

加强人才制度创新,支持海外人才事业发展,支持大科学

设施、重点实验室和科技公共转化平台海外人才引进和团队建设,支持鼓励高校和科研院所深化科研体制、科研人员和科研经费管理,促进科技成果在全市"一区22园"转化,加强知识产权保护和运用。

3. 优化国内高层次人才引进政策,提升人才政策的便利性和针对性

一方面,不断优化高新技术企业认定等人才引进政策。做好高新技术企业认定和培育入库工作,让更多企业通过获得高新技术企业资质增加人才户籍引进数量。同时,争取有关部门的支持,调整高新技术企业认定中有关销售收入的硬性规定,以及能将母公司具备的高新技术企业资质辐射适用到子公司。另一方面,提升科创人才引进落户政策的针对性。同时,进一步聚焦分析科创企业、科创人才发展规律和特点,开展"科技创新创业人才引进指标体系研究",为完善科创人才引进落户政策提供参考。

(四)持续优化创新创业人才发展综合环境

1. 不断完善人才引进服务体系建设

以全面提升张江示范区的吸引力、创造力、竞争力为目标,不断完善海外人才引进管理服务体系,通过政策创新、机制完善、服务优化,最大限度地满足海外人才的工作生活需要,优化海外人才发展环境。继续推进示范区人才服务体系建设,打造具有国际水准、国内领先的引领性创新创业国际人才公共服务平台。持续推进人才服务中心科创分中心功能建设,创新科创

人才服务新机制。组织张江示范区各类人才赴境外培训,着力提高科创管理人才的服务能力和水平;优化张江专项资金资助政策,更加聚焦支持人才、支持科创。加快推进张江科学城"五个一批"项目建设,建设宜居宜业的科学城人才生活环境。推动全市各个承载区建设适应人才生活需求的居住、就学、就医、文化及娱乐休闲场所等配套设施,为各类型人才提供更大的平台、更全的要素、更好的氛围。

2. 积极解决创新创业人才安居问题

首先,突出发挥示范区和各分园作用。鼓励各分园在现有人才安居政策的基础上,根据各自实际,自行实施具有区域特点、发展重点的人才安居政策。多渠道、多元化解决人才安居难问题,深化张江农村人才公寓模式,在周边镇再启动一批农村人才公寓试点。其次,突出用人单位主体作用。尊重和发挥用人单位的主体作用,建议市级实物配租和货币补贴,打包给用人单位实行"团租"和"团补",由用人单位根据自身发展需求,进行内部公开公平分配,政府部门对用人单位的内部分配实行事中事后监管。最后,突出市场配置决定性作用。坚持发挥市场在资源配置中的决定性作用,以市场价格作为补贴参考依据,建立补贴的动态调整机制。

3. 深化外籍人才社会融合服务工作

上海首批已经建立6家"移民融入服务站"和12家"外国人社会融合服务站"。针对当前国际人才竞争形势日趋激烈,以及中美贸易摩擦对人才引进和交流产生的负面影响,移民融入服务站和外国人社会融合服务站应当采取更加灵活的服务方式,根据需要分类联合组织融入活动。通过积极探索、依法管理、优化服务,帮助外国人才融入中国、融入上海、融入张江示范区工作。例如,对服务外籍人才的机构,可就各自不同的服务内容进行相互参观交流;对外籍华人,可以组织创新成果的参观;对永久居留的外籍人才,可以组织体验上海文化。

第四章
张江示范区各分园人才工作概况

一、张江示范区各分园人才工作实践

(一) 张江科学城(核心园)人才工作实践

张江科学城围绕服务国家战略,认真贯彻落实上海市"科创22条"、人才"20条"、人才"30条"和《上海市加快实施人才高峰工程行动方案》,大力推进国际人才高地建设,努力营造支持人才创新创业的良好环境。

1. 聚焦上海科创中心建设核心承载区和国际人才试验区建设,打造创新人才集聚新高地

一是以产业发展集聚人才。张江园区依托生物医药、信息技术(集成电路)、文化创意等产业集群优势以及各类研发机构和跨国公司地区总部等科技研发资源优势,吸引集聚了大批人才。目前累计集聚各类人才约37万,其中博士6 200余人,硕士5万余人,本科13.5万余人,比2010年的17万人才翻了一番,人才集聚效应明显,成为全国创新人才集聚高地。二是以重大创新资源吸引高端人才。依托上海科创中心建设,张江实验室、

上海光源、上海科技大学、软X射线自由电子激光用户装置、超强超短激光实验装置等大科学设施装置,迅速集聚了一批全球顶尖科学家和科研人才。三是以制度创新助推人才发展。发挥"双自联动"改革优势,依托上海市人才"30条"、浦东新区人才发展"35条"等一系列重点聚焦科创中心核心功能区、自贸区人才发展的改革举措,支持和服务人才在张江创新创业。比如,率先设立全国首个海外人才局,在张江园区设立了一站式窗口,提供外国人来华工作许可直接审批等高效、便捷的服务;率先试点自贸区永久居留推荐直通车制度;率先试行自贸区外籍高层次人才持永久居留身份证注册科技型企业享受国民待遇;率先探索建设"区内注册、跨境经营、远程托管"的自贸区海外人才离岸创新创业基地,依托张江集聚的一批国际孵化器支持海外人才离岸创新创业;率先试点张江核心园区人才办事窗口"无否决权"改革,帮助园区重点单位引进特殊重点人才,户籍审批时间缩短了3个月,目前已惠及26家重点机构,审批通过70人。此外,通过开展药品上市持有人许可试点MAH、探索集成电路全产业链保税研发监管试点、支持中国(浦东)知识产权保护中心落户张江等改革举措,打破制约人才事业发展的瓶颈。

2.聚焦人才创新创业需求导向,着力打造支持人才创新创业的事业平台

一是搭建海外人才引进和孵化载体。建成张江国际创新港、张江国创中心等5个孵化集聚区,园区现有孵化器87家,孵化面积近60万平方米,在孵企业近2 500家,形成了功能完备

的、涵盖"苗圃期—孵化期—成长加速期"在内的全生命周期孵化体系。二是发挥外资研发中心人才溢出效应。众多入驻张江的外资研发机构和跨国公司地区总部,为外资研发中心人才在张江创新创业创造了有利条件。

3. 聚焦人才幸福感、满意度,打造张江科学城宜居宜业的美好环境

一是加快园区向城区的转变。加快推进张江科学会堂、"一园四馆"、川杨河南岸绿地、智慧河两岸改造等"五个一批"项目建设,进一步提升张江科学城环境品质。二是加强营商服务环境建设。坚持人才服务的精准导向,结合上海市大调研和加强企业营商服务的要求,强化"店小二"服务意识,设立张江科学城企业服务中心,形成"产业、人才、招商"联动服务格局,实现人才服务与营商服务并举。三是加强对人才的政治引领和政治吸纳。注重从园区企业优秀人才中发展党员,培养党组织带头人和政治骨干。四是强化人才安居保障。张江已建成25万平方米、5 046套人才公寓,累计解决了1.5万人的安居问题。五是加强人才生活环境建设。通过加强商业配套,改善交通出行,引入优质教育和医疗资源,建设张江城市书房、党建服务中心、张江戏剧谷和举办"张江科技文化节"等,让人才在张江宜居宜业。

(二)漕河泾园人才工作实践

漕河泾园拥有3 600多家企业,其中高新技术企业423家。获批国家知识产权服务业集聚发展示范区、国家知识产权试点

园区和国家知识型服务业创新基地,以及上海市服务贸易示范基地,核电服务、集成电路和知识产权服务三个市级"四新"基地,是上海市明星软件园。园区内从业人员近26万人,其中博士、硕士占全部从业人员的13%左右,大专及以上学历人员占比近73%,专业技术人员占比37%左右,已成为上海和全国高素质人才最为密集的人才高地之一。

1. 人才招聘方面

园区细化招聘会操作流程,在漕河泾、浦江、南桥等园区,推出了标准统一、流程统一、服务统一的标准化招聘会模式,形成了开发区招聘会特色服务品牌,先后成功举办了"漕河泾国际科技创新嘉年华—创·智人才面试洽谈会""临港集团精英人才招聘会""日资企业专场招聘会""中小企业IT人才专场招聘会""启航人才专场招聘会"等系列专场人才招聘活动;开设了漕河泾开发区周四固定人才招聘市场,聚集了大量人才信息,为招聘业务的快速发展奠定了坚实的基础。与复旦大学管理学院、上海交通大学安泰管理学院、欧美同学会、留学人员联谊会等建立人才输送渠道,不断丰富高端人才信息库,逐步实现人岗精准匹配,为园区企业成功推荐了总经理、销售总监、技术总监、财务总监、人事总监、行政总监以及外籍高管等高端人才。

2. 人事代理方面

园区通过雇员派遣、事务代理、项目外包、福利外包、证照服务等服务产品,提供符合需求的人事代理服务。紧跟行业互联网+平台服务趋势,聚焦企业员工福利新型消费模式,依托园区才企聚集规模效应,自主研发了"福励宝"在线服务新产品,通过合规的福利设计、便捷的在线服务、完善的关爱项目、良好的消费体验,为公司人事代理业务探索新领域,为园区企业创造员工关爱服务新平台,推出积分充值、商城海淘、健康关怀、培训学习等在线福利产品。发挥区区合作渠道优势,精心设计政策类服务流程,帮助园区企业留才留心。为园区企业代办居住证和上海户籍,为非上海生源大学生和留学生成功申报上海户口,为外籍员工办理就业证、居留许可证、签证等各类证照。

3. 人才培训方面

园区依托高技能人才培养基地提供职称培训系列、职业资格培训系列、短期培训班、企业内训系列、高端讲座系列和配套服务等。打响"漕河泾大讲堂"品牌,邀请了杜文龙、张召忠、袁岳、王德培、叶小文等名家名师莅临开发区举办系列高端讲座。开设"漕河泾微课堂"专题培训班,主题涵盖摄影、插花、茶道、健康等紧贴员工业余生活、文化、娱乐的各方面,助力园区文化建设。

4. 信息化建设方面

园区充分利用人才绿洲网、微信公众号、App、手机端等信息技术,推出了线上招聘、个人应聘、简历投递、校园招聘、招聘会报名、费用结算等线上服务,很大程度上提高了招聘服务的科技含量和工作效率。

(三)闸北园人才工作实践

中国(上海)人力资源服务产业园区经济总量达811亿元,

人力资源服务业年均增幅达到30%,保持了持续快速增长。在"静安人才18条"的基础上进一步提出了相关配套措施文件,从人才的激励培养、服务保障、住房保障、子女教育、健康服务等方面为区域优秀人才提供了全方面政策支持。

1. 不断完善人才工作体制机制

(1)搭建定期联络机制,推动区域工作落实。努力搭建与张江高新区管委会、区科委、区人社局等政府部门的定期碰头机制及走访机制,积极配合政府开展规划调研工作,进一步发挥张江在闸北园的人才服务辐射职能,传达政府最新政策,整合市场化机构资源,创造新型人才服务平台。一方面落实人才服务,推动人才发展;另一方面反映人才诉求,推动试点改良,探索对张江人才服务平台有利的发展途径,为政府后续出台政策、制订规划提供参考。

(2)参与各类培训活动,提升平台服务水平。在工作推进中,园区积极参与张江高新区管委会和市科协等单位组织的各类培训和交流活动,学习各类最新的人才服务政策,了解最新的人才服务知识,交流最新的人才服务理念,为更好地开展工作打下基础。

(3)设立人才服务子平台,完善闸北园整体服务。平台充分发挥主体单位——上海人才服务行业协会行业资源优势,整合闸北园代表机构上海诺姆人才服务有限公司、上海博尔捷人才服务有限公司、上海财才网人才服务有限公司、前锦网络信息技术(上海)有限公司(前程无忧)、上海蓝白律师事务所等行业优秀资源,为闸北园企业提供人才派遣、人力资源外包、人才测评、人才招聘、法务咨询等专业服务，有效提升闸北园企业人力资源管理水平，提高闸北园人才与资本、技术、产权的融合度。

2. 做大做强人力资源服务产业

（1）区域人力资源服务产业链日趋完善。随着2016年静安、闸北"撤二建一"工作日趋完成，区域逐步形成"一园一路多点位"的产业新格局。2017年区域引入和培育了如人瑞、薪太软、社保通、劳达、智云、博宇、必博等人力资源服务业新业态（如SAAS、人力资源大健康、人力资源金融等），推动区域人力资源服务创新发展，完善日益丰富的人力资源产业链。

（2）人力资源产业园区政策效应突显。配合区人社局开展《静安区关于促进人力资源服务产业发展的实施办法（试行）》调研活动，引导区域人力资源服务业综合环境改善，配合区人社局、苏河湾公司引入全国优秀人力资源服务机构入驻园区，为人力资源服务机构在具体的品牌展示、标准贯标、规范运作等方面获得实实在在的资金资本和政策资源支持。同时，积极借鉴张江及上海自贸区"双自联动"发布的人才制度创新政策，为区域机构提供咨询，将其加载在综合服务中，更好地为区域机构服务。

（3）人力资源服务市场规范硕果累累。积极参与国家及地方人力资源服务标准的制定及研讨工作，并配合上海人才服务行业协会制定了上海第一个人力资源服务领域的团体标准《人力资源外包服务企业先进性评价标准》，首先为区域人力资源服务代表——上海外服进行了试点贯标工作。

（4）人力资源服务理论研究逐步深化。不断深化人力资源服务产业园的研究,配合协会在2017年先后进行了《静安区人力资源服务业规划》《苏河湾国际产业人才港规划》,在产业园1.0版本人力资源服务业集聚区、2.0版本集聚公共和市场化服务体系为一体的基础上,前瞻性地提出了人力资源服务产业园3.0的版本——产业人才港。

(5)开展各类区域人力资源服务活动。邀请市人社局专家围绕城保镇保改革、人才"30条"、人力资源服务整体现状等热门话题组织免费的人力资源服务讲座;组织人才服务进校园活动,积极服务闸北园机构参加校园招聘会;组织人力资源外包、高级人才寻访、人力资源综合能力提升等专业培训活动;组织行业发展座谈会,为闸北园企业与人力资源服务业对接提供平台。

3. 不断提升人才服务保障水平

(1)发挥人力资源公共服务职能。不断对上海市、张江示范区、静安区最新人才服务政策进行系统梳理,从海外人才、高层次人才、职业资格评定、项目申报、企业注册、企业服务、人才公寓申报等政策,明确业务的办理要求、流程设定等内容,为前来询问的闸北园企业和个人提供咨询引导服务,协助多家企业(智云、社宝通、启保360等)引入闸北园,并积极与政府公共服务窗口实现有效对接。

(2)开展与国际接轨的大型活动。园区承接上海市政府上交会人力资源版块任务,举办多次"上交会国际人力资源主题论坛"。申报成为海智计划上海(闸北)工作基地,并配合组织多家闸北园机构(职库、任仕达、前程无忧等)成为海智计划工作站,推动区域国际人才和项目的引进进程。

(四)青浦园人才工作实践

青浦园拥有从业人员总量为3万人左右,其中122家规模以上企业从业人员为2万人左右。园区大学专科以上学历人员占全部从业人员比例为55.6%,高学历、专业技术人才比例还是偏低。

1.抓实人才环境优化,完善引才政策

围绕实现园区经济社会发展目标,谋划推进人才工作,成立张江高新区青浦园人才发展工作协调小组(下设园区企业服务部),负责本园区人才开发激励的日常管理服务工作,各类人才政策申报、审核需报张江高新区青浦园人才发展工作领导小组确认。园区高度重视人才工作,在园区上下形成了"建设人才高地、建设一流园区"的统一认识。结合园区企业发展和产业集聚现状,建立园区人才库,实时跟踪、动态管理。

2.加大扶持,不断完善人才政策体系

园区自2015年4月开展张江高新区青浦园优秀人才选拔工作,通过园区选拔的优秀人才,优先推荐国家、市、区各类科研扶持政策、荣誉的申报、优先享受张江高新区青浦园有关人才政策,并配套出台各类人才扶持政策、建立多种人才培训和服务机制,涵盖经营管理人才、研发科技人才和应用技术等多个范畴,对人才的培养、选拔、引进、使用、激励、服务等各个环节都予以充分保障,增强园区人才工作的操作性和实用性。近年来,根据园区企业经济的产业特点、知识结构的实际情况,有针对性地开展培训,每年组织各类人才培训活动十余次。

3. 确立园区人才工作运行机制

(1) 注重营造良好环境。近年来,园区先后投入4亿多元建设资金用于园区道路设施建设、绿化环境整治、水系管网完善、电力能源改善、生态园区建设等,使园区的硬件环境得以大幅改善;同时,通过建立分类服务体系、建设知识产权服务、科技金融服务、研发服务、质量服务、政策咨询服务、人力资源服务、企业文化建设服务等平台建设,优化园区发展软环境,留住人才。

(2) 不断完善服务网络。园区通过科协、公需科目培训、人才实训基地、院士工作站、职工培训投入、政策解读等项目实施,不断丰富园区的人才服务工作、拓宽服务的渠道。

(3) 坚持拓展人才内涵。以分级分类管理服务为基础,一方面建立园区级的人才库,争取掌握园区人才发展第一手资料;另一方面积极向区、市、国家推荐优秀人才,使人才有更好、更高的发展平台。园区每年拿出一定的资金用于人才培训、交流、活动。每年举办企业政府扶持政策解读会、重点企业联谊活动、落户企业羽毛球赛、科普行活动、新侨联谊等各类企业活动十余场,参与人数600余人次。

(五)金桥园人才工作实践

金桥园拥有从业人员总量为21.66万人。大专以上人才占从业人员总量的73.2%。海外人才(含港澳台及留学归国人员)占从业人员总量的2.52%。金桥园人才现状基本呈现"规模递增、结构优化、国际化程度提升"三个特点,体现了金桥开发区历年来人才工作的成果积累。

1. 完善人才服务体系,夯实人才工作基础

一是高标准出台配套措施。根据国家、上海市的人才政策,制定并出台一系列相应配套措施,为人才的引进、优待和重用等提供方便。积极探索外籍人才申请在华永久居留制度,完善外籍高层次人才永久居留证的推荐机制,对有突出贡献及紧缺的外籍高层次人才优先办理永久居留。二是建设金桥人才服务平台。为响应上海市和浦东新区人才政策,打造金桥人才优势,抓紧建设"智荟金桥"人才服务平台,促进人才聚集与流动,提供人力资源服务。三是健全联系联络企业制度。开展开发区HR经理人俱乐部活动,发挥首席联络员的沟通和服务作用,打造高水平企业服务体系,提高服务效率,及时为企业排忧解难,为企业人才引进出谋划策。

2. 发挥产业集群优势,打造人才集聚高地

产业的集聚同时会带来相关产业人才的集聚,金桥开发区充分发挥相关产业的集群优势,提高重点产业的人才集聚力度,并逐渐形成园区内的人才交流机制,促进园区内人才的流动。

3. 坚持多方协同机制,营造良好服务环境

一是依托相关行政部门开展服务,如通过金桥公共人力资源服务中心平台,为企业提供从职业介绍、人才引进、社保结算、人才测评、人事外包等全方位服务。通过金桥外来人员就业保障服务管理中心搭建的外来人员就业平台,为区内企业招聘人才、确保生产顺利实施提供了有效保障。二是通过健全管委

会与各工业园区及开发公司工作衔接通报机制、建立与税务和统计部门定期分析沟通机制、保持与新区相关委办局工作协商对接机制等,逐步形成有利于开发区开发建设事业纵横协调、统筹推进与资源共享的联动机制。三是依托中介组织开展服务。如通过企业协会建立信息、开展政策咨询、职工职称申报,积极推荐外籍专家申报上海市白玉兰奖、新区开发建设积极贡献奖及杰出人才奖的评比,组织白领青年联谊会、企业家沙龙及联络员活动等。

(六)嘉定园人才工作实践

近年来,嘉定园围绕深化科创体制机制改革,激发创新发展活力,着力打造长三角城市群中重要的"创新技术策源地、创新要素集散地、创新成果转化地",科创的集中度和显示度已逐步显现,在打造创新活力之城、提升城市能级和核心竞争力的征程中迈出坚实一步。

1.站高一步,强化科技创新功能集聚区建设的顶层设计

一是以科学合理的规划布局统筹建设。2018年,为深入实施人才强区战略,加快推进各类人才创新创业环境建设,大力引进经济社会发展急需的人才,为建设现代化新型城市提供坚强的人才保证和智力支持,在原有14项促进引才、留才、育才政策和实施细则的基础上,新增《嘉定区人才公寓建设和管理实施办法》和《嘉定区创客客栈补贴实施办法》,为企业引进各类高层次人才创新创业提供便利,并对人才实施各类优惠性政策,促进人才在嘉定落地。

二是以突破创新的改革服务科创建设。创新科技创新创业服务模式。建成并启用嘉定创新创业大厦,整合政府职能部门创新创业服务职能,提供技术、人才、产业、居住、注册落地等86项服务事项,着力实现"一门式、一站式"的一流服务。积极推进行政审批"四减",完成审批"双减半",深化"一网通办",推进"便捷化改革",高质量实现"六集成",对外实施"一窗受理、内部流转、并联审批、限时办结、一口发证"。

2. 提升服务,全力推动科技创新功能集聚区建设人才工作

一是完善布局,搭建各类创新创业平台。嘉定创新创业大厦的落成,整合了各类政府面向企业、人才的科技创新综合服务功能和资源,建设完成一个集综合服务、人才保障、政策落实、科技成果展示转化、企业自主展示、创新辅导、培训路演、会展活动等于一体的科技创新综合服务中心。同时,进一步完善差异化的科技创新发展空间体系,重点布局和推进"一区、两圈、三线",以嘉定新城宜业宜居特色功能区为重点,形成众创空间集聚区;依托微系统所新微大厦、同济科技园,打造众创空间集聚圈;发挥轨道交通11号线、13号线和14号线便捷条件,建设众创空间新干线。

二是健全机制,进一步提升人才服务。以现有的张江嘉定园管委会成员单位为基础,建立张江嘉定园市级海外人才基地工作议事工作会商机制,统筹协调张江嘉定园人才战略、规划、政策的研究和制定工作,组织领导基地人才工作重大问题的调查研究,协调解决制约园区人才发展的"瓶颈"问题,联合相关单位组织人才政策培训。稳步推进优秀人才住房配售房、租房

补贴兑现工作；针对中科院系统子女教育难题，积极与中科院上海分院沟通，促成中国科学院上海实验学校落户嘉定。通过推行精英人才服务卡，实施分层级的"人才服务金卡"保障工程，为1 300余名各类高层次人才提供创新创业、健康医疗、文化休闲等8大类21项服务。完善"五位一体"优秀人才安居保障体系，先后为160名优秀人才发放购房补贴5 121万元，向1 473名优秀人才发放租房补贴451.18万元，发放人才公寓补贴共计269.98万元。

三是推己及人，营造良好的创新环境。在子园区持续推广电动汽车分时租赁点，共建有新能源汽车分时租赁网点30个、停车位70个，分布在中科、高科、中广国际等园区；保持各子园区到交通枢纽的5条线路新能源大巴定制班车。此外，为了方便园区内人才出入境，在市公安局与张江高新区管委会的大力支持下，在原有的张江分园出入境办证服务点的基础上，进一步优化外籍人才的出入境服务，实施外籍人才永久居留中国便利政策。

（七）杨浦园人才工作实践

近年来，杨浦园以打造国际化人才交流空间载体为目标，通过布局国际人才交流中心、引入瑞士创新中心等第三方专业人力资源服务机构，设立"创友会"、高校校友会联盟等交流合作平台，举行"春晖杯"国际双创人才杨浦行，举办高端人才国际化培育与发展论坛等。

1. 引才扩量，集聚智力资源

围绕人才工作核心，依据人才自身特点，以政策撬动人才流动,分层分类施策,汇聚智力资源。在深入贯彻落实市人才"20条"、人才"30条"的基础上,出台区域综合性人才政策《杨浦区打造上海科创中心重要承载区人才工作的若干意见(试行)》(杨浦人才16条及12条实施细则),在人才专项支持计划、人才引进、人才培养、人才综合配套服务等方面,每年投入2亿元财政资金对区域内的各类人才进行系统支持和服务。推出杨浦"3310计划",通过降低创业启动成本、提供融资担保与贴息、设立项目风投基金等措施,鼓励和吸引各类高层次人才到杨浦来创业发展。

2. 育才增效,创新发展实践

探索市场化人才评价机制。以寻找"创业之星"的方式,委托社会机构以市场化方式开展上海杨浦"创业之星"大赛,发掘出学霸君、乐车邦、惠租车、名医主刀等一批独角兽和准独角兽企业。试点人才服务"无否决权"窗口。2018年,结合大调研,在区内主要重点园区、街镇和社区等设立"双创人才服务驿站",把基层党建工作与双创平台特色相结合,以"党建+"为载体,借助12个街镇区域化党建服务中心和社区党建服务站,全面、精准地将人才政策信息推送给企业和居民,进一步使"无否决"人才服务向毛细血管延伸,助推建立人才互助互联组织。

3. 留才兴业,营造良好环境

围绕创新创业人才在工作、生活中的突出困难和问题,不断完善创新创业服务体系。一是实施人才"安居工程"。通过与高校、社会力量共建人才公寓(目前区里已建、在建的人才公寓共944套,可用于人才居住的其他公共租赁房源共3 072套,

21.4万平方米)、发放租房补贴等多种形式,支持高层次人才安居杨浦。二是提升人才创新创业便利性。三是支持开展企业各类各级人才培训。根据区域产业特点,开展人才技能和专业培训;鼓励区域内高校、大学科技园区、科研院所及高新技术企业开放资源,为小微企业和创业大学生提供免费或公益的开放实验试制环境和技术培训指导。四是做好教育、卫生等保障服务。在居住证办理、子女入学、看病求医等方面为高层次人才建立绿色通道,尽最大努力减少人才生活、工作的后顾之忧。

(八)长宁园人才工作实践

近年来,长宁园聚焦航空服务业、互联网+生活性服务业、时尚创意产业等重点产业,并加快推进金融服务业和人工智能产业集聚发展。通过不断完善人才政策,推进产业政策与人才政策有机衔接。制定了海外人才引进服务、高层次人才集聚培养、创新创业人才激励、重点产业人才扶持、加大人才服务保障4方面11项政策,积极回应人才需求,不断扩大政策受益面。

1. 着力筑巢引凤,集聚科技创新领域高端人才

科技创新人才最看重发展的舞台和空间。园区通过优化产业布局、集聚优势企业、培育优质项目,为人才干事创业提供更多机遇和平台。

一是抓产业布局,以产业集群推进人才集聚。在区委、区政府的关心指导下,在东、中、西部分别建设华为联通、缤谷大厦、绿地智造界、东方国信等人工智能产业基地,并在临空园区规划布局占地11.3万平方米、建筑面积50万平方米以上的人工

智能产业发展园区,并引入科大讯飞、华为、联通、微系统所、交大人工智能研究院等优质创新资源和创新人才。

二是抓标杆企业,以优质企业吸引高端人才。人才高技术、高学历、国际化是当前科技创新企业的显著特征,也是衡量企业创新能力和发展潜力的重要因素。例如,入驻的深兰科技,技术研发人员比例超过55%,博士学历人才达到30名,占企业员工总数的15%。

三是抓科技领军人才,以人才落地带动项目落地。比如,以数据挖掘领域青年才俊朱明杰为代表的氪信科技、以原华为手机研发骨干蒋化冰为代表的木木机器人等一批创新创业企业落地长宁。

2. 打造创新生态,激发科技人才队伍创新活力

人才竞争,说到底是创新创业生态的竞争。园区通过市场化、品牌化、开放性的打造,为人才提供便利的"创新熟地"。

一是依托市场主体,提供高品质创新创业服务。园区引导专业机构和各类社会力量,积极打造各具特色的众创空间,通过"人才+项目"的模式引进优质项目,集聚优秀人才。园区目前已拥有国家级众创空间12家、市级众创空间28家,总入驻创业企业及团队近千家,每月开展针对创新创业人才的服务、讲座、路演等活动近百场。

二是打造品牌赛事,搭建创业团队竞逐平台。园区积极承办国家和市级高水准的创新创业大赛,让一批优秀的创新人才和团队通过大赛加强交流、得到历练、提升水平,并吸引更多市场力量的关注和扶持。

三是鼓励引才引智,提升企业科技研发能力。园区按照人才"不为所有、但求所用"的思路,帮助联合利华、兰卫科技等组建院士专家工作站,制定鼓励大院大所优质研发资源外溢相关政策,支持企业通过项目合作、技术顾问、成果转化等方式引进院士、专家等智力资源,解决技术难题,提高科研水平。

3. 优化人才服务,提升科技创新企业获得感

围绕优化营商环境的部署要求,在服务企业的同时,积极做好服务人才工作,主动当好企业和人才的"店小二"。

一是积极挖掘培育科技创新领军人才及其团队。三年来,累计推荐2人入选区十大领军人才、10人入选区领军拔尖人才。2018年,科委科技平台共推荐42个优质项目参与区"创新团队"评选,有11个项目成功入选创新团队、5个项目入选后备团队。同时开展"科技之星"团队选拔、"新兴产业领域"优秀项目立项资助等工作,已经对具有发展潜力的人才和团队累计投入扶持资金120万元。

二是积极探索产业政策与人才政策有机融合。在2018年制定出台的人工智能专项政策中,设立首期500万元的人工智能高峰人才资金,实施人工智能企业大学生实习补贴等政策,帮助企业加大人才引进力度。用好用活区优秀人才租房补贴政策,聚焦科技园区、众创空间内的中小微科创企业的技术研发骨干等重点群体,缓解人才租房压力,重点覆盖区域内中小微创新创业,尤其是人工智能企业94家,人才239名,扶持资金310万元,有效增强了企业和人才的感受度。

三是积极举办各类主题活动,提升服务成效。通过引导、激

发科技园区和众创空间的积极性,根据不同空间的特色举办形式多样的沙龙、论坛、联谊、座谈等活动,丰富园区、空间之间,创新企业之间,创业人才之间的沟通和交流,增强创新创业载体的文化建设,打造温馨和谐的创业氛围。2018年,充分发挥华为联通创新示范中心的资源优势,借助华为全联接大会这一顶级盛会的平台,免费为部分优秀创新创业企业提供展示的舞台,取得了良好的效果。

四是积极整合资源,加强人才服务保障。充分利用好张江政策的先行先试优势,打通外籍人才申办在华永久居留许可绿色通道。该项工作的成功破冰,已成为园区服务海外高层次人才高端需求的重要抓手,力争打造成为长宁服务高端人才的一张名片。

(九)徐汇园人才工作实践

徐汇园创新机构密集,覆盖地域内高校、科研院所、医院数量较多、类型丰富,其中研究院所21个,高校3所,国家级重点实验室9个,聚集了大量国家高端人才。

1. 拓展协同创新平台

主动对接服务大院大所大校大企的科技项目,完善以院士专家工作站为特色的人才服务平台。目前,区域内已建成21个院士专家工作站,服务于区内科创类单位及科技人才,进站院士和专家达到130多人。通过新年音乐会、上门走访、召开院士联系人工作会议等形式,更好地服务院士专家等科技人才开展科技攻关,促进科研成果转化等方面的合作意愿。

2. 加强人才综合服务，优化人才创新创业环境

加强市区联动保障人才安居。多次与市级部门对接沟通，协调落实市级公租房馨逸公寓、馨宁公寓、南站收购公租房共500套房源为徐汇人才统筹服务。及时响应重点单位人才需求，2018年服务落实55家单位，申请区级公租房772套；受理服务人才租房补贴65家单位，共324位科技人才，补贴金额近420万元。围绕产业重点精准对接服务人才。在全球范围内对接科技创新领域的高端人才、高管、学者等，截至目前，面向智能制造、大数据、语音、图像视觉、脑科学等行业领域建立22 389人的人才库，在科技人才门户网站开展徐汇产业发展宣传，吸引AI领域及相关行业人群1 555人自主订阅。主动与各类专业化团队对接，拓展企业服务维度，引入专业服务机构为企业工商注册登记和创新创业政策咨询提供服务。以个性化服务引领，提升服务能级，为优秀人才到徐汇工作、创新创业提供高效优质的服务，跨部门联动为亚马逊人工智能研究院引进人才。依据"双自双创"联动政策办理全市首张外国人工作居留许可（加注"兼职"），为高端人才创新创业打通渠道。

3. 注重发现、培养科技人才

依据《徐汇科技党委人才选拔工作会商制度》，完善对区域科技人才发现、培养和选拔推荐机制。在推选国务院特殊津贴专家、全国改革开放杰出贡献表彰人选、万人计划、上海市领军人才、上海市五一劳动奖章、上海市三八红旗手（集体）、上海市白玉兰奖、徐汇区领军人才、拔尖人才学科带头人、工青妇各级代表及党外代表人士中发挥积极作用。

(十)虹口园人才工作实践

2018年,虹口园申请上海市优秀技术带头人计划8项,上海市青年科技启明星计划5项。新建3家院士工作站,集聚了15名院士、逾百名专家,咨询交流和技术培训共计数百次,其中2家在2018年上海市院士专家工作站评估中获得优秀。

1. 深入推进政策创新,激发人才创新活力

第一,开展专项扶持政策梳理调整工作,明确"11+2"新一轮专项扶持政策体系框架和整体要求,注重规范完善扶持方式,注重加强资金和政策统筹管理,注重提升财政资金使用效率,努力为集聚创新创业人才、推动区域经济创新驱动发展提供政策引导和保障。全年区人才发展专项资金支出达3.2亿元,惠及各类创新创业人才近6 000人次。第二,结合虹口区工作实际,紧紧围绕区域重点工作,制定《虹口区大力促进民营经济健康发展的实施意见》《虹口区工商联关于建立发现优秀民营企业工作机制的实施意见》,推动民营经济持续健康发展,从中发现更多优秀人才。第三,细化专项人才政策,积极开展教育卫生调研。提高现行人才政策对于基础类人才和人才后备的关注度,加大对教科文卫等社会事业领域人才覆盖面。

2. 深入推进服务创新,提升人才创新体验

第一,优化人才引进服务效能和经办水平。加强窗口工作信息化建设,利用互联网+、微信公众服务号等平台,加快人才公共服务经办管理智能化、智慧化,逐步拓展升级线上服务功能。结合区域优势,开设"外服专窗",做强境外人才服务项目,引领和辐射周边区域。全面实施海外人才业务"一次告知、二次办结、三次上门"的办事承诺,实行"先批后补"容缺受理。第二,成立三大功能区人才工作小组,每月走访企业,了解人才需求;每季度开展大型政策宣讲、政策协调会,积极靠前服务;加强对功能区招商部门工作人员、企业人事专员的业务指导和联系,提升一线人才服务水平;开辟重点企业"绿色通道",实行"专人指导、集中受理、上门服务"的工作方针。第三,积极争取市人才服务中心、市金融人才服务中心、市航运人才服务中心等资源,上海国际金融人才服务中心正式开设北外滩金融港人才服务专窗,加强和改进人才政策、人才服务的宣传推介,拓宽政策知晓度和受益面,提升对区域内金融、航运、科创等重点产业和企业的服务质量和效果。第四,创新性结合党建工作和人才服务。在花园坊党建服务中心开设全市第一个职称受理点,在凉城街道党建服务中心举办大型为民咨询志愿服务。在夯实党建引领的同时,探索服务效应延伸,推动人才政策咨询进企业、进楼宇、进园区。

3. 深入推进项目创新,提升人才创新动力

第一,加大推优参评力度。组织开展重点人才计划的人选排摸与推荐工作,区域的优秀人才不断涌现,2018年入选国务院特殊津贴专家、上海市领军人才、"千帆行动"计划、上海市优秀青年企业家、上海市青年创业英才等多个人才项目。第二,积极组织创新创业赛事。创建创业型城区终期评估考核评估优秀,2018年新认定11家区级孵化基地。150家小微企业报名2018年创业大赛虹口赛区,38项创新创业项目纳入上海市科技

型中小企业技术创新资金项目立项，获得市区两级资金扶持，18项代表虹口参加上海国赛选拔赛。第三，推进技术转移和成果转化。建立"上海虹口·中以国际创新园"，构建致力于以色列先进科学技术转移、科技企业及科研团队引进、中小科技企业合作的一站式服务平台，成为国际创新成果转移转化的桥头堡。通过合作共建"技术转移创新实践基地"和"上海技术转移与创新成果展示交流中心"，成为市、区科技成果展示、发布、推广、交流的集聚地，成为信息流、成果流、人才流的集散中心。第四，建立多元化高技能人才培养格局。鼓励企业发挥主体作用，结合区内上汽、建工、燃气、电信、电梯、节能环保等大型集团企业、行业协会开展特色竞赛。开发一批新技能培训项目，建立区级首席技师、区级高技能人才培养基地。

（十一）闵行园人才工作实践

闵行园拥有高新技术企业352家，科技小巨人企业89家。所有入驻孵化器、加速器和产业园区的企业2018年产值695.38亿元，税收总量214.61亿元，处于培育期的区领军人才92名。

1. 化繁为简，实施"一站式"服务专窗

通过前些年的不断优化，园区"一站式"服务专窗逐步实现创新创业多元化全功能服务，以该专窗为服务基点，将人才"引进来"、创业"留下来"、守业"留得住"三大人才服务串联一体化，提高人才服务平台集聚效应。

园区的"一站式"服务专窗，专门针对园区企业、人才提供金融、人力资源、项目申报、企业注册、法律咨询、人才公寓申报等提供各类咨询及服务工作。为了服务于园区内企业和人才的各种需求,平台还引进各类中介机构,整合了各方资源。目前园区已与23家中介服务机构签署了服务协议,在园区"一站式"服务平台陆续开设了针对园区企业、人才提供人事代理、财务代理、税务、法律、项目申报、市场开拓、产品认定、知识产权、融资服务、技术转让、检测服务、评估服务等社会化有偿服务,全方位的服务举措增强了企业对园区的依存度和归属感。

2. 组织各类培训、联谊活动,助力企业和人才的发展

随着闵行区科技人才新政"春申人才计划"陆续推出实施细则,园区坚持深耕创新创业的服务宗旨,开展系列"智汇闵行"品牌系列活动。通过这一系列活动的举办,为园区内企业和人才创新创业保驾护行。

3. 沟通到位,搭建充分的交流平台

充分利用闵行区留学人员联谊会和闵行区高端人才创新创业发展联合会的资源优势,为华人华侨、海外归国人员搭建的交流平台。连续多年举办华侨华人专业人士回国创业研习班(莘闵班),目前已有来自美国、德国、英国等多个国家和地区的博士、硕士来到莘庄工业区接受创业辅导、研习创业政策等课程。通过与沪港青年交流促进会合作,招募优秀香港大学生在2018年暑假走进园区5家500强企业实习,在工作实践的同时深入了解沪港科技发展形势。

4. 大力宣传园区优秀人才

2018年5月21日,以园区海外高层次人才为背景的大型创

业时代人物风采话剧《创业时代》成功首演。这部酝酿已久的原创人才题材话剧取材自闵行创新创业的高层次人才真实经历,剧中既有园区年轻女企业家以一敌十挑战海外行业巨头侵权官司的果敢,也有科学家渡海归来在闵行创业的深切情怀,更融入专业人才服务助推成就两代人的创业梦想。

5. 招聘专场,解决企业招聘难题

针对中小企业,尤其是仍处于孵化阶段的科创企业,2018年园区继续和莘庄工业区就业促进中心合作,每年继续组织举办春、秋季招聘会,以及每季度都举行一次小型招聘会,覆盖企业150多家、招聘岗位500多个。此外,还通过张江国家自主创新示范区人才网推荐匹配的人才信息,通过留联会和联合会群体推荐优秀的人才,解决了园区企业招聘难、招聘高端人才难的问题,又为初创企业节省招聘成本。

(十二)松江园人才工作实践

松江园实体入驻企业以初创型和中小型科技企业为主。现有高新技术企业120家,科技小巨人企业20家,知识产权示范企业5家。园区从业人员总数约4.3万人。

1. 人才政策宣传和落实

园区每年与松江区人社局举办多场人才政策的宣讲和座谈交流会,一方面是加大政策的宣传力度,让更多的企业了解政策、掌握政策;另一方面是通过座谈交流,听取企业对于政策的建议和意见,并接受企业的咨询,推动更多的企业用足用好政策。在座谈交流听取意见的基础上,推进执行松江"G60人才新政",进一步加大扶持人才的力度。

2. 企业人才招聘和培养

一是开展品牌招聘服务。园区投入资金,组织开展春秋两季的大型招聘会——"百企千岗",和每月月底开展的小型招聘会——"月月招",园区企业均免费参加,此外,还组织企业参加区人社局举办的"春风行动"等招聘活动。

二是加强园区企业与松江大学城高校的互动与合作。吸引更多的优秀的大学生来园区实习就业,为企业发展培养储备人才。园区设立的大学城专项奖学奖励金,每年对在园区实习就业的优秀大学生进行奖励,并且东华大学和上海工程大学与园区多个企业开展大学生实习培养合作,共同培养符合市场需求的大学毕业生。

三是开展各类人才技能培训活动。园区开展了"G60科创走廊公开课",除了开展政策培训以外,还开展职称申报所需的公需课培训、财务培训、人力资源培训等多种职业技能所需的公共培训,帮助企业职工成长。

3. 创新创业人才集聚

不断集聚创新创业人才,营造良好的创新创业氛围。园区开展的"专利引导"等知识产权服务,"双无双信"科技信用贷款服务等都是围绕园区科技企业创新创业发展的需求而开展的特色服务,进一步优化了园区创新创业环境。此外,园区每年加大投入,引入第三方资源或自营开展创新创业运营服务,目前园区已有创新创业空间载体近13 000平方米,形成了以"智能物联"为引领的专业孵化器,不断吸引更多的创新创业人才来园区发展。

(十三)普陀园人才工作实践

普陀园由北区块(包括桃浦科技智慧城、未来岛科技园、真如铁三角科技园、同济科技园沪西园区)和南区块(包括长风生态商务区、中环国际中小企业总部社区、华大科技园、天地软件园、新曹杨高新区、谈家二八文化信息港、武宁科技园和上海化工研究院新材料园区)组成,规划总面积约1 020公顷,入驻科技型企业近千家,其中高新技术企业150余家。

1. 落实科创政策,服务人才发展

聚焦智能科技、科技金融、科技商贸、科技文化等科创中心建设的重点产业、重要领域,全面修订区域人才政策"十条",对接区域"3+5+X"产业政策体系,深入贯彻中央和上海市关于深化人才发展体制机制改革的意见,推动人才"30条"配套操作细则落地见效,制定出台《普陀区促进创新创业人才发展实施意见》,打造人才政策"升级版"。全面落实居住证、户籍制度实施办法,推进"两证合一"政策落地,畅通人才引进通道。优化武宁创新轴周边院所联席会议机制,建设企业博士后流动站和院士专家工作站,鼓励科研院所、科技企业打造一批创新人才培养和实训基地,培养高技能人才和专业紧缺人才,促进政府、院校、园区、企业之间的沟通联系,放大研发人才和科技成果的溢出效应。

2. 优化创新创业环境,提升人才感受度

优化区级科技创新服务券制度,提高使用额度,增加用券服务机构，切实降低企业创新创业成本。突出财政资金引导激励作用，搭建平台促进企业、基金、银行等各方面实现深度对接交流，支持新兴产业领域早中期、初创期创业企业成长发展。以张江普陀园品牌建设为抓手，推进张江国家自主创新示范区人才服务平台、科技融资平台建设试点工作，利用大数据和云计算技术提升服务功能，促进资源共享，运用"科创+"公共服务平台为企业科技人才提供政策、管理、法律、财务、融资等方面的服务。对众创空间进行分类化、体系化管理，结合区域重点地区科技创新布局，引导众创空间向"投资+孵化"服务转型，朝着国际化、专业化、品牌化的方向发展，麦腾永联众创空间成功立项为上海市品牌化众创空间。与市创新创业大赛联动，举行普陀区创新创业大赛，通过大赛发现具有核心创新能力的高成长性源头企业，培育高水平、高层次、高素质的创业团队。

完善市场服务，搭建区人才中介机构服务产品平台，支持人力资源服务业发展，提高服务水平和产业能级。建立市场化人才服务机制，引入第三方机构参与人才服务工作，实现人力资源服务外包。夯实公共服务，优化人才公共服务的窗口建设，提供高效、透明、便捷的一口受理、网上通办服务平台。完善地区精细服务工作机制，实现工作站人才工作长效化。为高层次人才定制"人才优享卡"，推出集成教育、医疗、科创、文化四大方面的一揽子服务清单，实现菜单式、定制型、个性化的"人才管家"式服务。

3. 加大人才培养力度，提升人才综合素质

分专题召开针对科技园区、众创空间、高新技术企业、

软件信息服务业企业和文化创意企业等对象的科技创新政策宣讲会。举办区科技创新创业人才特训营，区内企业家参加，通过专家授课、拓展培训及沙龙研讨等形式，涵盖科技金融、最新政策、企业管理等内容。邀请区公安分局出入境管理中心相关负责人解读上海科创中心建设出入境关于外籍人才政策，对外籍高层次人才来普陀长期居留工作开辟绿色通道。

4. 加强人才服务体系的建设

完善互联网+人才服务，搭建集政策宣传咨询、业务线上办理、信息发布、人才服务和人才风采展示等功能于一体的服务平台。进一步优化"科创+"公共服务平台，运用移动互联网技术，展示本区科研院校及科技企业的最新技术成果、人才政策、专利技术、共享仪器设备、合作伙伴邀约等信息资源，以线上线下相结合的方式为区内科技创新主体拓展交流合作平台和科技成果产业化对接平台。

（十四）陆家嘴园人才工作实践

陆家嘴园拥有各类人才近50万人，其中，金融人才约30万人。陆家嘴人才金港于2018年5月被上海市教委正式授权为非上海生源应届普通高校毕业生进沪就业落户初审受理机构。

1. 优化实施陆家嘴金融城青年人才安居计划

持续优化实施陆家嘴金融城青年人才安居计划，打造更具竞争力的人才集聚环境。耀华人才公寓项目的推出大大缓解了区域重点机构人才住房需求，为招商引资和亲商稳商提供助力。在耀华人才公寓项目的基础上,配合新区各部门,推进新区人才租房补贴政策实施。

2. 人才引进和培养并举

加大对行业领军机构、总部机构、重点功能性机构和新兴业态的引进力度,带动复合型等各类人才的引进和集聚。加强各行业协会合作在高端人才在金融城人才管理和服务中的引领作用。不断升级陆家嘴金融城名校直通车名企联合招聘会项目,在全国扩大高校的招聘范围,为深入推进"一带一路"建设提供人才支撑。与伦敦金融城政府深度合作,推出了菁英人才伦敦实训项目,在加强能力和体系建设、培养高端人才的同时,架起中国投资机构和英国业界合作共赢的桥梁。同时,为助力陆家嘴金融城人才引进,上海市学生事务中心正式授权陆家嘴人才金港为非上海生源应届普通高校毕业生进沪就业落户初审受理机构,并合作开展"陆家嘴金融城未来金融家"系列活动。

(十五)临港园人才工作实践

近年来,临港地区作为上海市科创中心主体承载区,在人才工作方面进行了大量创新与实践,取得了一定成效。一是人才规模不断扩大,企业人员总量上涨明显;二是人员结构有所优化,高学历、高层次人才数量有所增加;三是创新平台和培养基地增加较快,占到总数的一半;四是人才服务不断丰富,改进了人才管理服务模式,制定和推进了各类别、各层次人才的支持政策,简化了人才服务流程。

1. 以新一轮"双特"政策为核心,完善落实临港地区人才政策

开展各类奖励、评选,积极推进临港地区大学生实习补贴以及职业技能培训补贴申请审核工作,开展临港地区人力资源服务券制度和智能制造人才集聚制度研究。

2. 加强"线下、线上"两个平台建设,着力提升区域人才服务能级

探索人才服务线上"不见面审批""不见面服务",上线"临港人才服务管理信息系统"。实现人才服务线下"一门式服务""一站式服务",不断完善临港人才服务中心功能,积极支持出入境整体迁入临港,探索构建政府公共人事服务+市场化人力资源服务相结合的多层次多元化人才产业发展和服务集群。

3. 优化人才住房保障工作,满足人才多样化居住需求

不断完善临港地区"四位一体"(限价商品房、"先租后售"公共租赁房、人才公寓、人才租房补贴)人才住房保障制度。在人才公寓方面,加强房源统筹,完善分配机制,推出"人才驿站"项目。在人才租房补贴方面,继续完善市场运作机制和信息服务平台。

4. 积极搭建人才发展平台,加快集聚创新创业创造人才

全力做好"大城众创、相约临港"招聘项目,开展临港地区人才培育平台补贴受理和审核工作。联合区委组织部、统战部继续举办海外华人精英和华侨华人专业人士走进临港活动,联合市青联开展"各界人士临港迎新公益跑"等,大力宣传推介临港。

（十六）奉贤园人才工作实践

奉贤园拥有世界500强企业7家，国家级高新技术企业110家，市、区两级科技小巨人企业27家，市级企业技术中心15个。人才竞争优势已成为推动开发区发展的重要优势，为经济社会发展提供了有力的人才保证和智力支撑。

1. 推动人才政策落实

积极落实市级人才新政和奉贤"1+5"系列人才政策，为人才安居、医疗、子女就学等提供高效、便捷、贴心的个性化服务。充分挖掘"张江高新区奉贤园""'千人计划'创业园""东方美谷生产性服务业功能区"等多级政策叠加优势，邀请专业人士对人才落户、人才积分、人才引进、人才职称评定、奉贤公租房等政策进行解读答疑，帮助人才用足、用活、用好各类优惠扶持政策。"'千人计划'创业园"通过"人才+项目"的有机结合，已吸引重点产业领域的行业领军人才逾60人。

2. 完善人才安居工程

在交通通勤方面，新增园区至上海轨交5号线接驳班车，为企业人才出行提供更多便利。在人才安居方面，大力推进"人才公租房"建设，研究制定"人才公租房"申购管理办法。伽蓝集团、上海莱士等优质企业可分别获100套人才房。在生活服务方面，在成功引进投建中央厨房、园中园公共食堂、星巴克、佳客多超市等基础配套后，继续打造设有咖啡厅、便利店、图书馆、健身房、电影院、保健室、理发室、妈咪小屋等生活服务配套设施于一体的生活驿站，满足人才在吃、喝、休闲、娱乐、学习等方面的需求。

3. 助力人才创新创业

围绕人才创新创业的需求,深化对优质资源的引进与合作,吸引集聚一批引领科技前沿,具有国际视野的海内外创新创业人才。例如,对接南郊融资担保、金海小额贷款、生物医药成果转移中心等,为创业人才提供融资担保、创投风投、小额贷款等一系列金融服务;与意大利莹特丽集团、上海应用技术大学、奕阁网络等机构合作投建研发创新中心、东方美谷研究院等,通过招商引资、平台共建、科技帮扶等措施,帮助企业调结构、拓市场、强内功;子园生物科技园全资成立检验检测、人力资源和企业服务公司,为创业人才提供培训教育、商标代理、知识产权保护、财务咨询等一系列专项服务;分园管委会成功主办了"2018东方美谷人才高峰论坛"。

(十七)金山园人才工作实践

金山园拥有企业787家,其中规模以上企业175家,高新技术企业159家。到2018年年底,园内从业人员总数4.6万人,其中,千名从业人员中拥有硕士(含)以上学历人员数43人。

1. 强化政策扶持引导,优化创业政策环境

一是完善政策体系,优化扶持方式。进一步完善财税、产业、人才等方面支持创业的政策体系,加强政策协调配套,充分发挥政策导向作用,更好地发挥市场配置资源的作用。二是加强创业投融资支持,优化创业融资环境。充分发挥财政资金撬动社会资本的杠杆作用,通过市场机制引导更多社会资本支持

创业活动,破解初创企业和小微企业融资难题。三是强化创业政策激励,激发创新创造活力。

2.健全服务体系功能,优化创业服务环境

一是健全和完善创业服务。按照政府引导、社会投资、市场运作的模式组建创业服务中心,为创业人员提供工商注册、税务登记、科技项目申报、财务管理、法律咨询、企业诊断、知识产权保护、培训交流等全过程全方位的专业化服务,引导和支持各类创业公共服务平台和服务机构蓬勃发展,不断完善创业服务体系。二是加快发展众创空间。优化完善创业咖啡、创客空间等新型创业服务机构的服务业态和运营机制,构建一批低成本、便利化、全要素、开放式的众创空间,为广大创业者提供良好的工作空间、网络空间、社交空间和资源共享空间。三是优化创业人才生活保障。积极采取各种措施为创业者提供生活便利和宜居生活环境,妥善解决各类创业人才落户、住房、医疗、子女入学等现实问题。不断完善创业者的生活保障,营造宜居创业环境。

3.加强校企合作

与17所院校建立长效联络机制,为企业输送专业对口的优质后备力量。积极对接校企合作,为校企牵线搭桥。截至2018年11月底,园区已与南京农业大学、上海石化工业学校、上海食品科技学校、上海中侨职业技术学校、浙江越秀外国语学院签订校企合作协议。根据高技术产业发展需要开展"订单式"培养,并组织学生参与企业发展中的科研合作、专业实习等活动。

4.深入开展企业培训和互动活动

2017年共组织开展各类培训及活动29场,其中包括精益标杆企业游学活动、丰田专家分享会、一线主管技能培训、项目管理等专题培训。备受青睐的丰田专家分享会邀请澳洲丰田专家授课,分享企业管理的金三角,受到企业的一致好评。专题培训涵盖企业精益生产、卓越运营和项目管理等有效帮助企业实施科学管理方法、减少生产浪费、提升管理效率。2018年举办各类培训16场,参加企业人数累计达780人次。财务管理、精益管理、丰田专家分享会等培训课程受到企业广泛好评,通过培训企业管理水平得到进一步提升。

(十八)崇明园人才工作实践

2018年,崇明园实现营业收入282.21亿元,工业总产值264.46亿元,出口总额67.27亿元,实现税收3.01亿元。园区累计注册企业2 741家,当年新注册企业1 463家,园区年平均从业人员1.56万人,其中硕士以上学历人员200余人,从业人员主要分布在高端装备制造以及新一代信息技术产业。

目前,崇明园集聚了振华、江南造船、中海工业等多家央企,也是我国第一个以船舶与海洋工程装备为产业特色的国家新型工业化产业示范基地,国家商务部认定的国家船舶出口基地。拥有4个国家级企业技术中心以及"ZMPC"和"JN"等国际和国内知名品牌,拥有多名海工船舶领域高水平高技术专家,多次获得国家科技进步奖,船舶修造技术始终在国内保持领先地位。新技术、新产业、新模式、新业态的不断衍生,为崇明园的发展指引了新的方向,尤其是移动互联技术的应用为崇明园智慧岛的发展带来了更多可能。

崇明园积极营造能够"引得来、留得住"的有利于人才生存和发展的良好环境,满足各类人才的现实生活需求和发展需求。兼顾人才引进、人才培养和人才发展,启动"聚才引智工程",全方位打造人才发展环境。

1. 培养高层次创新人才和团队

借力国家和上海"海外高层次人才引进计划"等引智项目,培养高层次创新人才和团队;借助张江专项资金项目申报工作,积极推进高级专家、优秀青年人才的引进工作,鼓励高级专家和专业技术人才为崇明园发展献计献策。

2. 建设院士和专家工作站

借力院士和专家等高科技人才,推进崇明世界级生态岛建设;鼓励企业与高校、科研院所开展合作,积极推进具有自主知识产权且创新性强、技术含量高、应用前景好、示范带动作用强、具有明确的实施目标和方案的项目落地。

3. 推进科技企业孵化器和众创空间建设

引导全国重点科研院所和科技企业等单位,在崇明推进科技企业孵化器和众创空间建设;鼓励科技创新园区开展区区联动,学习先进经验,引进外部优秀管理团队、创业导师团队、科技创新龙头企业等优质资源,提升园区创新能力。

(十九)宝山园人才工作实践

宝山园2018年新增注册企业4 515家,累计注册企业29 083家,其中规模以上企业390家,新认定科技型中小企业179家,新增高新技术企业44家,累计217家,占全区49.5%。上市企业5家,"新三板"挂牌企业23家,2018年年末从业人员18.2万余人。

1. 完善人才发展环境,集聚创新创业人才

联合高校院所建设联合实验室和人才实训基地,推进新兴产业重点领域人才培养和集聚,完善人才发展环境,落实人才安居、激励、出入境等各项政策。推进"满意100"人才集聚工程,2018年支持创新创业人才资金达3 453.57万元。上海安杰环保科技股份有限公司郝俊、赛赫智能设备(上海)股份有限公司李泽晨入选第四批国家"万人计划"科技创业领军人才;上海汽车粉末冶金有限公司彭景光、海隆石油工业集团有限公司欧阳志英入选上海市优秀技术带头人计划。与宝山公安分局出入境管理办公室等部门合作设立张江高新区宝山园出入境办证服务点和张江高新区宝山园外籍人才受理工作服务点。依托张江示范区先行先试的优势,为引才、聚才创造更为良好的出入境和居留环境。

2. 构建协同创新体系,加大高端人才导入

高校院所缺乏是宝山科技创新的短板。近年来,园区持续加强与高校院所的合作,按照"不求所有、但求所用,不求所在、但求所为"的思路,柔性引进人才,服务宝山科技创新和转型发展。2018年,推动园区企业与全市13家高校院所的科研团队开展产学研合作,签订技术合同61项,技术合同成交额达1.08亿元。特别是围绕区"1+4+X"产业导向,落地了"医疗大数据与人工智能联合实验室"等若干重点项目。引进华东师范大学何积丰院士团队,在宝山设立华科智谷人工智能研究院。聚焦石

墨烯应用，积极对接引进中科院微系统所谢晓明团队、于庆凯团队，上海大学吴明红团队，复旦大学彭慧胜团队，以及诺贝尔奖研究院安德烈团队开展合作。

3. 建设高品质孵化载体，培育创新创业"新热土"

园区积极引导各类市场化主体建设众创孵化载体，营造有利于人才创新创业的良好生态。众创载体运营水平和孵化能力显著提升，各类创新创业活动如火如荼。在载体能级提升方面：新增3D打印创客空间等3家市级众创孵化载体，智力产业园、吴淞口创业园升级为国家级科技企业孵化器、国家级众创空间，市级以上众创孵化载体总数达到21家，其中国家级众创孵化载体5家。积极打造一批"专业化、品牌化、国际化"的众创空间。超碳石墨烯、吴淞口创业园2家众创空间"三化"培育项目顺利通过考核期评估，闻广创业天地、博济智汇园7家获众创空间"三化"引导项目立项。建设上海大学科技园，助力师生创新创业，承接科技成果落地。指导吴淞口创业园等10家众创空间发起成立宝山众创联盟。在创新创业活动方面：建立10家"双创服务站"，为创新创业人才团队提供全生态链服务。仅2018年开展天使沙龙、项目路演、产业对接、人才交流、创业培训等各类创新创业活动达到455场。举办上海创新创业大赛宝山赛区活动，293家企业参赛。联合中央电视台开展《创业英雄汇》上海站项目选拔活动。

（二十）世博园人才工作实践

世博园拥有注册企业共计1 299家，其中科技型企业15家、高新技术企业13家、知识产权示范企业1家,区域内研发机构13家、人才中介服务机构7家。园区拥有国内有效发明专利总数为212个。2018年年底,世博园区前滩地区部分大楼建成并投入使用,已有企业陆续入驻。

世博地区目前仍处于建设开发时期,经济发展潜力很大,但几个地块仍处在土地出让、项目建设、企业遴选、板块兑现的阶段,经济总量增长不多,主导产业不突出、"虚拟性"强的特征仍比较明显。区域内近期入驻的企业大多为自然落户企业,平时与园区管理机构联系较少,园区人才服务机制尚待完善。

(二十一)黄浦园人才工作实践

黄浦园主要集聚金融服务业、专业服务业、商贸流通业、文化创意业、休闲旅游业、航运物流业六大支柱产业人才,占园区人才总量的86%,人才结构与产业发展需求基本匹配。园区内共有174名高层次人才入选国家、市、区等各类计划。

1. 深化人才服务创新体系

园区注重探索社会化、市场化的人才服务模式和人才资源配置机制,采用"政府监督+市场运作"的模式,以市场需求为导向、企业运营为主体,为园区企业及各类目标人群提供与人才相关的政策咨询、公共服务、专业服务和人才公寓申请4个功能板块总计21项服务内容,帮助企业安心落户黄浦。

2. 加强科技人才合作交流

会同市欧美同学会哥伦比亚大学校友会举办首届海归独角兽培训营,与哥伦比亚大学校友会签署合作协议,吸引优秀海归人才来黄浦创新创业;主办"创业在上海"国际创新创业大赛黄浦赛区比赛暨黄浦区创新创业大赛,发掘优秀创新创业人才和团队。仅2018年园区就推荐了5名优秀人才参加区自主创新领军人才、专业技术拔尖人才选拔,其中1名入选自主创新领军人才,1名入选专业技术拔尖人才。

3. 提升人才服务保障水平

贯彻落实人才"30条",为科创企业在黄浦区提供人才落户、人才安居、政策宣传等各方面优质高效便捷的服务。与区公安分局出入境管理办公室密切配合,完成"黄浦区外籍人才居留证件颁证仪式"的组织工作,组织园区企业和相关管理人员参加有关出入境创新政策解读培训,并承担外籍高层次人才永久居留申请材料初审和推荐上报工作。

(二十二)静安园人才工作实践

静安园内现代服务业比重达98%。近年来,园区围绕"国际静安、圆梦福地"的各项部署,聚焦高端人才梯队的培养和发展,加大与市级高校的人才培养合作,建设人才储备梯队,不断夯实各项人才工作。园区人才队伍建设呈现出队伍不断壮大,人员素质逐步提高,人才结构进一步优化的良好态势。

1. 完善政策,有效支持多元化人才需求

根据市委、市政府出台的人才"20条"和"30条",静安区委、区政府积极做好对接政策落地工作,于2017年4月出台了静安"人才18条"。2018年,根据上海市人才工作大会和市人才高峰工程行动方案精神,在静安"人才18条"的基础上进一步提出了相关配套措施文件,如《静安区加强人才激励和保障工作实施办法》《静安区优秀人才子女基础教育服务实施细则》《静安区优秀人才健康服务实施细则》《静安区优秀人才住房综合保障实施细则(试行)》,这些核心人才政策文件,更是从人才的激励培养、服务保障、住房保障、子女教育、健康服务等方面为区域优秀人才提供了全方面政策支持。

2. 加大高层次人才开发力度

一是搭建区人才综合服务平台。通过整合分散在各行业主管部门、各条线(系统)内的优秀人才数据,形成静安人才的大数据基础。通过综合服务平台,为人才提供更加便捷、精准和全方位的服务保障,如人才公寓办理的网上预审、各类演出和体育锻炼的预定、人才政策的发布、人才活动的报名登记等,为开展各类人才评选,加强各类人才服务保障提供数据支撑。二是继续加大海内外高层次人才开发扶持力度。积极参与实施中央、市"海外高层次人才引进计划",市领军人才、市中青年拔尖人才等海内外人才集聚、资助计划。三是充分激发区域内各众创空间在创新创业浪潮中的引领作用。以XNODE、WEWORK等众创空间为核心,在静安众创空间联盟的基础上,不断探索适应各类创新创业企业发展的政策环境,形成新一轮静安创新创业的发展浪潮。

3. 积极推进优秀人才项目申报评选工作

积极组织园区内企业申报上海张江国家自主创新示范区专项发展资金政策中人才专项资助政策,以及上海市领军人才评选。在人才培养方面,制定了区优秀人才培养计划,每两年开展一次,推荐产生静安杰出人才、领军人才、中青年拔尖人才,共计100名左右,分别对其进行资助奖励,并采取推荐参加高级研修班等措施加强培养。每年开展一次青年英才选拔培育工作,联合知名高校对其开展培养。在2018年年底召开的静安区优秀人才命名发布大会上,10名杰出人才、29名领军人才、60名中青年拔尖人才受到了表彰。

4. 充分发挥区人才服务平台的作用

持续优化以政府为主导、以企业为主体、以市场为基础的人才管理服务体制机制,推进人才服务平台建设,增强服务能力。切实增强人才服务平台为提升园区人才工作的精准度和有效性,积极参与高校人才蓄水池工程,努力建设一种新型的人才梯队培养机制,保证人才开发管理"不断层",建设人才储备梯队储备丰富、优质的人力资源,适时补充新生力量。

二、张江示范区各分园人才工作展望

(一)张江科学城(核心园)人才工作展望

1. 围绕科创中心建设需要,大力引进海内外人才

重点围绕《上海市加快实施人才高峰工程行动方案》提出的13个领域,一方面聚焦基础研究、原始创新,引进一批全球顶尖科学家和科研骨干人员;另一方面聚焦高科技产业发展需要,引进一批通技术、懂产业、善创业的领军人才和创业团队。

2. 注重制度创新,配合实施一批重大人才工程

深入落实上海人才"30条"改革任务,率先实施顶尖科研

团队外籍核心成员可直接申请在华永久居留、允许外籍人才兼职创新创业等一批新的改革试点。根据浦东新区人才发展"35条"提出的改革项目，配合实施上海高峰人才服务工程、国家实验室人才服务工程、海外高层次人才引进工程、独角兽人才培育工程、青年创新创业人才培育工程等七大人才工程，配合建设浦东国际人才港、浦东产业创新中心等人才发展平台，全力支持各类人才干事创业。

3. 坚持以环境留才，不断优化人才发展环境

统筹推进张江科学城"五个一批"项目建设，加快形成科学特征明显、科技要素集聚、环境人文生态、充满创新活力的世界一流科学城。按照浦东新区人才发展"35条"提出的目标，在张江科学城加快建设9 000套以上国际人才公寓，实施人才住房安居新政，由实物配租为主调整为租金补贴为主。强化优质教育资源配置，张江科学城及周边区域学校发展到70所以上，引进国际医疗资源，构建更加国际化、高品质的科学城人才生活环境。

（二）漕河泾园人才工作展望

1. 聚焦优势产业，提升人才招聘服务能级

以园区产业为导向，细分需求市场，优化人才库，推出专业人才服务项目，开发精品服务市场，精准供需匹配，提升招聘成效。创新招聘手段，以人才绿洲网、微信公众号、App等为载体，开发移动端招聘项目，推出线上线下联动的服务模式，搭建线上招聘互动平台，用现代互联网信息技术提高招聘效率。完善招聘流程，精准人岗匹配，提高推荐成功率；开拓高端市场，广纳

优秀人才,健全供需资源库。

2. 依托品牌效应,拓展人才综合服务深度

坚持产品创新、服务升级,努力拓展市场、保质增量,主动为园区企业提供各项人才综合服务。完善网络端福励宝在线服务产品和流程,加快研发手机移动服务端,通过与园区科创大服务平台的整合,探索与园区线下商业服务资源的对接,发挥园区资源优势,拓展福利项目市场。开发企业自主服务和员工微信服务端,为服务员工提供即时、专业、贴心的服务体验。

3. 贴近员工需求,提升人才培训服务广度

持续提升"漕河泾高端讲座系列"知名度和影响力。完善"漕河泾短期培训班"课程系列,在已有的四个培训课程系列的基础上,再新开发四个课程系列。制定职称类培训安排,拓宽宣传途径,加强职称系列培训宣传力度。继续开展职称申报辅导讲座、论文写作指导、申报代理等相关服务项目,提升服务专业度,提高申报成功率。提高"中级经济师"招生力度,在已有的人力资源和工商管理两个专业项目的基础上,新增建筑专业项目,拓宽招生面。

(三)闸北园人才工作展望

1. 继续整合市场化人力资源服务资源

在整合市场化人力资源服务机构的基础上,优选各个业态的人力资源服务供应商,在每个业态中选择几家供应商为园区企业提供服务,以期通过市场化竞争机制,为闸北园企业提供更优质、更有针对性的市场化服务,探寻新型人才服务平台的优

势,将张江管委会及市科协委托的先行先试任务落实到位。

2. 继续加强与相关政府部门对接

平台将继续加强与张江管委会、市人社局、市科协、区科委、区人社局等部门的对接,配合政府战略,加强闸北园所包含的园区服务对象梳理,提高服务覆盖重点产业、重点园区、重点对象的企业服务覆盖比例。

3. 继续瞄准战略站位,打造平台标杆

平台将继续深入研究和总结人力资源服务优势模式,在配合承接好日常的外省市乃至国际对接任务同时,加强区域人力资源服务业诚信建设、标准建设、产品建设、顾问建设等方面的内容,打造品牌,积极落实"上海的使命并不只是体现在自身发展的水平上,更重要的是服务全国大局"的战略站位,打造平台标杆模式,更好实现模式输出。

(四)青浦园人才工作展望

1. 继续推进人才职称申报服务平台建设

为广大企业科技工作者的职称评定提供便捷通道,通过市科协职称服务中心为园区内的科技工作者举行职称公需科目继续教育,帮助科技工作者知晓职称申报的流程、条件,园区会同市科协职称受理点以及相关评审委员会开展个性化的申报辅导服务,园区已建立科技工作者职称申报数据库,定期实时更新。

2. 继续推进建立各类人才创新基地

按照张江示范区人才培育和集聚目标任务,通过引入各类人才基地、院士工作站、大学生实习实践基地等方式为企业在人才储备、人才培养、项目合作等方面提供高校、协会专家资源。推进张江示范区重点领域人才实训基地建设,积极跟踪上海科泰电源股份有限公司与华东理工大学机械学院共建的张江国家自主创新示范区新能源储能动力系统领域人才实训基地建设情况,形成可推广、可复制的模式在园区其他企业示范运用;积极推进上海辰光医疗科技股份有限公司与复旦大学王威琪院士共建核磁共振线圈院士专家工作站、上海墙特节能材料有限公司与厦门大学郑兰荪院士共建无机干粉领域院士工作站,为企业科技创新提供高级专家团队支撑;积极推进青浦区内各类中专、技校与企业对接建立专业技术领域人才实习实践基地。

3. 加强推进人才交流合作

引导高校专家到青浦创业。积极鼓励和引导在校专家、教授、硕士、博士,申报市级以上各类人才工程项目和青浦区人才计划,携科技项目到园区创办企业,从事科技孵化。根据园区主导产业、重点企业对专家型人才的需求,牵头组建上海地区高校专家人才库,推荐选派院校知名专家、教授到该行业、企业担任科技特派员、技术顾问、独立董事,提供人才柔性服务。与高校合作组织人才招聘会。依托高校资源为企业提供人才培养服务。根据企业人才培训需求,举办各类学历班、进修班、研讨班,加强科技和管理人才的培训培养。

(五)金桥园人才工作展望

1. 聚焦重点产业,大力引才引智

聚焦重点产业,研究全局性和长远性的人才发展规划,常态化开展人才资源情况调查。一是开展重点产业行业未来人才需求和供给的分析预测；二是制定详细的紧缺人才目录。通过人才供给与需求分析，建立紧缺人才目录，作为未来人才政策制定与优化、人才引进和培养等一系列人才工作的基本依据，确保区域人才结构的更趋合理。

2. 激发产业创新，引领人才导入

一是加大海外创新创业人才引进。依托浦东国际人才港，大力吸引海归、青归、归侨、外籍科技人才进入金桥园区，引领行业企业实施国家、上海"海外高层次人才引进计划"和浦东"百人计划"。二是产业创新人才柔性引进。支持产业企业招揽领军人才，实行项目法人制，提供定制化支持方案，进行契约化管理，以市场前瞻需求选择人才创新项目，以资本纽带增强项目根植性，推进产业核心技术研究开发和集成创新、技术转移和成果产业化，协同基础科研人才、产业技术人才和经营管理人才融合贯通机制。三是筑巢孵化创业，引凤培育产业人才。推动健全从苗圃到孵化器再到加速器的众创空间体系，进一步降低人才创业成本。增强创业孵化空间财政补贴政策实施力度，引导行业领军企业、创业投资机构等建设众创空间。

3. 提升人才能力，赋能产业升级

一是探索产业和企业人才评价体系。联合用人单位、行业组织和业内专家，率先建立技术技能人才分类分级标准体系。二是实施创业期和成长期企业的人才培养计划。三是开展重点产业高技能工匠人才培养。指导智能制造和现代汽车产业设立和优化首席技师工作室,推进"高师带徒"项目。四是创新企业领导力培养培育,助力独角兽企业发现和成长。

4. 优化人才服务,营造宜居宜业氛围

一是探索建设产业高端人才港平台和外籍人才综合服务平台。为外籍人才提供人才口岸签证申请服务,支持上海高校在读外籍留学生在金桥园区兼职创业。为上海高校外籍毕业生,以及跨国公司地区总部、投资性公司和外资研发中心引进的世界知名高校外籍毕业生办理工作许可。协助符合条件的海外人才可通过自贸试验区金融机构开立FTF账户。

二是开通特殊高峰人才服务绿色通道和高端人才兴业服务快速通道。为高峰人才及其团队在金桥园区工作、生活等提供配套服务,支持其引领重点科研领域、产业领域形成国际竞争优势。积极争取和助力实施科研公共服务平台共建和共享、人才贡献奖励申请、知识产权保护和融资服务等。

三是有效落实国家、市、区级各类人才政策和人才服务举措。根据园区重点产业所需要的核心人才,探索完善用人主体评价和市场化认定标准,落实人才引进落户新政和社保等相应事宜。落实人才租房、教育和医疗等人才服务措施。建立服务对接机制,为园区产业人才等提供租房、子女入学和医疗服务等保障和联系机制,落实人才租房补贴政策。推动交通和餐饮等生活服务和专业服务保障。积极协调市政部门和市场监督管理机构,优化完善园区的交通出行及餐饮布点,开辟"智行巴士""智荟餐厅",为产业人才提供舒适、便捷的生活保障。

(六)嘉定园人才工作展望

1. 充分利用各类创新创业平台

继续联合区委组织部、人社局等相关单位,为人才提供住房、交通、教育等各类特色服务,吸引人才落地;持续落实张江人才政策,为国内外高端人才提供便利。

2. 支持园区内的人才创新创业

扶持各类人才的创新活动,组织申报张江专项资金项目支持,积极参加嘉定科技博览会,展示人才的创新创业成果。

3. 改善园区出行环境

在条件成熟的子园区进一步增加新能源汽车分时租赁点,进一步改善园区的出行环境。

4. 开展园区内重点企业走访

结合大调研、大走访工作,加强对园区内重点企业的走访,积极宣传张江专项政策以及各类人才政策,帮助企业解决实际困难。

(七)杨浦园人才工作展望

1. 聚焦人才政治引领,强化人才感情纽带

深入开展好"弘扬爱国奋斗精神、建功立业新时代"活动,广泛宣传表彰爱国报国、贡献突出的优秀人才,做好各类人才教育培训、国情研修等工作,落实贯彻好联系服务专家制度,定期走访慰问,加强沟通交流,当好"后勤部长",增强他们的政治认同感和向心力,实现增人才与得人心的相得益彰。

2. 聚焦人才政策优化，推动政策更好落地

贯彻落实市人才新政，锚定人才薪酬、租房、融资、服务等核心需求，在政策上出实招、解真愁，进一步出台区域综合性人才政策升级版，让政策更普惠，享受更便捷。结合"海外行、城市行、高校行"等高端人才专项对接活动，建立更加开放的引才格局。

3. 聚焦人才服务品质，提升人才服务效率

持续推进"无否决"人才服务窗口升级建设，探索将分散在人社、海外、公安等部门的人才审批事项归并，对不同层次的人才提供VIP式、预约式、自助式等多重服务。

4. 聚焦人才生态体系，打造国际双创人才基地

积极对接上海人才高峰行动计划，加快谋划推进杨浦"国际双创人才基地"建设，树立一批具有杨浦特色的人才工作品牌，全力打造和形成具有世界级影响力、国际一流的双创人才发展的生态环境。

（八）长宁园人才工作展望

1. 加强对人才工作的统筹谋划

一是建立人才资源统计分析制度。开展人才资源统计工作，对重点人才数据定期开展动态监测，研究分析人才队伍结构和发展趋势，为人才工作决策提供参考依据。

二是建立"科技创新人才集聚区"核心指标。围绕"科技创新人才集聚区"建设目标，聚焦人才队伍整体结构以及重点产业、重点社会事业领域，梳理人才工作指标，量化工作目标。

三是强化人才指标督促落实机制。建立指标分解、分工协作、督责评估等机制,各相关部门共同履行职责、组织实施,推动人才开发与经济社会发展同步谋划、同步推进。

四是加大人才工作的宣传力度。运用网络、微信、人才栏目等多种媒介和宣传手段,重点做好虹桥人才特区建设、人才新政落地成效、创新创业人才典型和基层人才工作创新经验等宣传报道,营造人才工作的良好氛围。

2. 着力推进人才开发重点项目

一是大力实施"海外人才集聚工程"。大力引进海外高层次人才和创新团队,加强"上海虹桥海外人才一站式服务中心"建设,进一步拓展服务项目、扩大受理范围、优化服务方式,提高海外人才服务便捷度。

二是大力推进三大重点产业高端人才引智项目。聚焦航空服务业、"互联网+生活性服务业"、时尚创意产业,分别制定三大重点产业人才项目实施方案,推动产业引入与高端人才培养引进的深度整合。

三是打造特色人才集聚高地。依托各类园区,推动科技创新创业、国内外优秀金融人才战略性新兴产业人才的培育和引进。

四是统筹推进各领域人才开发项目。加大引进和培育社会事业领域领军人才,着力提升城区品质和软实力。统筹推进现代商贸、高级经营管理、城市管理、法律服务等人才队伍建设。

3. 营造有利于人才发展的综合环境

一是深化产学研用战略合作平台。积极发挥高校、科研院所等创新"源头"的作用,创新产学研用的协同育人模式,开发一批区校合作的人才共育项目。

二是搭建市场化、社会化的人才服务平台。鼓励发展各类人才中介服务机构和专业社会组织,探索政府购买人才服务,鼓励社会力量引才。联合各方举办具有影响力的创新创业品牌活动、国内外知名创新创业大赛,营造创新创业良好氛围。

三是建设柔性化的凝聚服务平台。整合区域内各类资源,完善服务协调联动机制,分层分类梳理服务项目清单,为高层次人才提供各类生活便利服务。

(九)徐汇园人才工作展望

1. 坚持党管人才原则,形成"一盘棋"的人才工作大格局

党管人才根本上是要发挥党的领导核心作用,体现党的政治优势和组织优势,更有效地统筹条块资源、调动各方力量,更好地爱护人才、集聚人才、发展人才。

2. 吸引人才集聚,打造人才高地

通过市人工智能发展联盟、全球高校人工智能学术联盟、青年AI科学家联盟等创新联盟,集聚一批企业家、科学家,为其到上海讲学、研究提供便利,形成人工智能高端朋友圈。努力成为上海人工智能融入全球科技创新网络的"前沿窗口"、国际人工智能技术转移的"重要节点"和海外企业、人才来沪发展的"首选之地"。在普惠性人才政策基础上,试点推出针对人工智能人才的专项政策,构建起与国际接轨、更具全球竞争力的人才制度体系,依托属地各大高校和科研机构,培育一批具有国际视

野的专业型人才。

3. 持续对接人才需求做好人才服务工作

继续服务好重点企业、院所科技人才,为其申请落户、申请公租房、租房补贴、就医就学等提供便利。开展创客人才评选,举办"光启创客"选拔赛,选拔为成果转化服务的"首席转化官"和人工智能、生命健康领域的优秀创新创业人才,挖掘典型案例予以宣传,营造双创氛围。

(十)虹口园人才工作展望

1. 进一步加强金融人才队伍建设

一是促进金融人才集聚。以举办北外滩对冲基金峰会、第七届北外滩财富与文化论坛、中国首席经济学家论坛等活动为载体,吸引来自海内外的著名专家学者,为虹口实施海外高层次人才引进搭载平台。二是加强金融人才培养。积极加强与金融监管部门以及研究机构的合作,组织各类金融研讨交流会,进一步提升区域内金融人才水平。

2. 进一步加强航运人才队伍建设

一是积极推进上海船员考试评估中心项目建设。协调海事局、市交通委等各部门,共同推进上海船员评估示范中心项目(上海航海人才公共实训基地)建设。加大与各类船员劳务、船舶管理公司的沟通与联系,吸引其落户北外滩。二是正式启用上海北外滩航运中心,进一步丰富虹口园航运产业的内涵。

3. 进一步加强科技人才队伍建设

一是成立科技青年创新创业联盟,集聚区内科技行业创新创业优秀青年人才,服务创新创业青年人才成长,给予政策、资源和场地扶持。二是完善院士专家工作站建设,做好院士专家工作站申报全国性院士专家工作站相关工作。

4.进一步加强商贸人才队伍建设

一是利用好中小企业文化服务活动,促进人才交流和信息互通,通过各类专项资金支持项目的评审,发现企业中的专业人才进行重点关注。加大企业招商政策及人才工作方针政策宣传,定期举行各类培训会和行业交流活动。二是以低碳企业为载体,以重点项目为抓手,采取定期巡查、不定期走访等形式,深入各人才成员单位,认真对人才队伍建设整体情况进行调研和指导,不断完善人才工作方法。

(十一)闵行园人才工作展望

1.资源整合,优势互补

一是依托高端人才服务团、各创业园区、用人单位和专家助手的力量,合理规划人才服务项目,落实高端人才各项服务工作,提升服务效率;借助服务团的力量,进一步加强相关职能部门的联系、配合,发挥职能部门在人才服务工作中的作用,明确分工、形成合力;建立人才走访常态化机制,定期举办服务团座谈会和专家助手座谈会,及时掌握人才最新动向,解决人才工作、生活等方面的各类难题。

二是为人才提供创新创业平台,集成多方面资源优势,共同努力搭建投融资、市场、人才、项目等各类智库对接资本,帮助人才及企业充分利用各级政策和资源促进发展;利用创新类专家技术科研优势,搭好专家科研成果转化平台,组织产学研信息对接沙龙,帮助人才、企业共同实现科研成果转化。

三是整合政策资源,把市区各级政府的扶持政策集合、梳理、优化,让人才充分了解闵行科技、金融、财税、人才等方面的扶持政策,便于各类政策落到实处。

2. 优化服务,及时沟通

一是完善微信公众账号,提升公众号的关注度,利用移动互联时代主流沟通方式提高园区和服务对象之间的沟通效率、拉近距离、增进互动,定期推送人才关心的各类信息,尤其是科技人才新政的内容,扩大闵行人才工作宣传面,加强宣传的连续性和持续性,吸引人才关注闵行。

二是针对技术类人才创业中存在的薄弱环节,组织系统性培训讲座,全力以赴帮助人才提升创业能力、市场拓展能力以及知识保护能力。

3. 解决问题,配套服务增强人才归属

一是做好基础类生活服务。认真做好政策规定范围内的相关服务,包括人才引进手续办理、落户、社会保险、医疗保障、住房、税收、通关、子女就学、配偶安置等各方面常规生活服务。会同有关方面及时解决人才各方面的难题。

二是进一步完善现有服务的"自选动作",体现闵行对人才的关爱。针对重点人才和重点企业的需求,以搭建专家间创新创业沟通桥梁为目的,适当开展学术休假活动;与各级各类媒体紧密合作,创新宣传模式,及时反映高端人才的典型事例和最新动态,展示专家风采。

三是引导人才回馈闵行。充实"专家讲师团"讲师队伍,提升人才公益活动热情。进一步发挥高端人才对闵行社会经济发展的反哺作用,体现人才的社会责任。

4. 开拓创新,加强内部建设不负使命

一是全体员工还需要不断加强学习。携手相关部门合作办好专题业务培训,同时鼓励员工参加与岗位相关的培训,增强为人才、为企业服务的知识和技能。

二是提高团队意识,树立工作使命感。努力把区委区政府、人才对园区信任转化为员工的工作动力,在组织内部强化成员的工作使命感,鼓励员工不满足现有工作成绩,不断开拓创新。

三是加强信息及时交流反馈,建立园区服务企业名录和高新人才数据库。同时加强平台的建设,有效解决企业创业、融资、财税等相关问题,成功孵化出一批又一批的典型性示范企业。

(十二)松江园人才工作展望

园区人才服务工作要在原有的基础上巩固提升,打造好人才政策服务平台、人才发展服务平台和创新创业服务平台,以创新为引领,立足于自身优势和特色产业,推动G60人才政策落地,促进校企合作,以创业带动就业,为助推G60科创走廊建设贡献力量。

1. 做好人才政策服务平台功能

园区将以市级人才政策和松江区"G60人才政策"为重点,继续开展政策宣讲和座谈交流活动,加强政策的宣传,引导符合条件的企业申报人才政策,让园区更多的高层次人才能获得政策的扶持,提高园区对于高层次人才的吸引力。

2. 做实人才发展服务平台功能

园区将继续做好"百企千岗"等品牌招聘活动,加大大学城专项奖学奖励金的奖励力度,加强校企合作,进一步帮助企业吸引人才、储备人才。同时,通过"G60科创走廊公开课"帮助人才成长,并通过文化体育活动,加强人才间的交流互动。

3. 做优人才集聚服务平台功能

在做好创新创业政策推广落实的基础上,加大投入,做好园区"智能物联"等专业孵化器的运营服务工作,通过开展创新创业大赛、路演对接、交流互动等活动,进一步营造良好的创新创业氛围,吸引创新创业人才的集聚和发展。

(十三)普陀园人才工作展望

1. 推进人才服务平台建设

切实推进张江普陀园人才服务平台、人才实训基地建设;继续开展区科技创新人才专题培训班工作,将专家授课、拓展培训、沙龙研讨相结合,培训对象为区科技企业、园区及服务机构负责人。

2. 加快集聚领军人才

积极对接市级以上人才工程项目、"浦江计划""优秀科技带头人计划"和"领军人才专项计划"等人才计划,在信息技术、高技术服务、生物医药、材料科学、金融、国际商务等领域,鼓励和吸引战略科学家及其团队到张江普陀园创业发展;对接

《普陀区促进创新创业人才发展实施意见》和已颁布的各项人才政策,探索采取股权激励等多种有效措施,加大人才引进力度,吸引高层次创新创业人才到园区工作。

3. 发布重点产业和新兴产业紧缺人才需求目录

结合区域现代服务业发展规划,重点聚焦智能制造及机器人、软件和信息服务业、并购金融、互联网影视、标准化服务业等新兴产业发展,编制并发布重点产业和新兴产业紧缺人才需求目录,提高人才引进和培养的针对性。

4. 抓好各类人才项目落实,带动科技企业创新能力提升

积极推进各项科技研发项目落实,聚焦五大产业领域,以人才促进行业技术进步,提高企业核心竞争力,逐步造就一批具有行业乃至社会影响力的科技领军人才和优秀创新团队。积极探索以"创业服务业集成商"模式,对接多层次资本市场,搭建银企合作、投贷联动的创业服务业平台,为不同阶段、不同规模的创业人才和团队提供全生命周期的深度服务。

5. 加大人才服务保障力度

建立人才公寓房源动态信息调整机制,推动公租房加快投入使用,确保人才公寓房源优先保障。着力解决人才关于子女教育、医疗等生活需要。完善高层次人才医疗服务保障卡,更好发挥区级医疗资源服务人才的作用。分级分类开展高层次人才休假、体检等服务工作,满足人才在信息、艺术、文化等方面的多层次需求,为高层次人才营造良好的工作和生活环境。

6. 举办大赛培育科技人才

举行"创业在上海"国际创新创业大赛普陀分赛,力争赛

事规模、参赛企业、参赛项目取得突破。引进园区合作方、新媒体合作方、创投合作方及创业服务合作方机制,调动多方资源为参赛的企业人才服务,通过大赛发现一批具有核心创新能力的高成长性源头企业,培育一批高水平、高层次、高素质的创业团队。

(十四)陆家嘴园人才工作展望

1. 进一步提升人才发展国际化水平

继续开展陆家嘴金融城菁英人才伦敦实训项目,在新的国际形势下,不断更新课程内容设置,推动国际业务合作;巩固前期与伦敦金融城及相关行业协会的合作,引进高端教育培训和行业交流的资源。

2. 不断加强高端人才服务力度

实施陆家嘴国际航运精英"领航计划",助推上海国际航运中心建设;加强与上海市银行同业公会、期货同业公会等业界组织的联动,扩大金融人才合作交流空间,通过举办高端研讨会与HR沙龙等形式,助力陆家嘴金融城汇聚智力和金融要素资源;发掘和协助区域内人才申报国家和市里各类人才计划,为陆家嘴"杰出青年、金融之星、海归之星"等人才选拔活动扩充人才智库,进一步加强海内外高层次人才集聚。

3. 持续优化人才服务平台,丰富人才服务形式

充分整合政府、高校和企业等市场资源对于人才发展的积极作用,进一步发挥"双自、双创"陆家嘴分园外籍人才工作受理点、非上海生源应届普通高校毕业生进沪就业落户初审受理

窗口、博士后工作站和企业人才基站等平台优势,为区域内更多特殊人才及企业在相关手续的办理上提供便利。

(十五)临港园人才工作展望

1. 形成更加精准、更具竞争力的人才集聚制度

以新一轮"双特"政策为核心,提高政策的精准性、有效性和系统性。在已制定的基础性政策的基础上,落实推进《临港地区智能制造领军人才及其团队集聚计划》,给予智能制造"团队+项目"大手笔资助;探索"人力资源服务券"制度,为企业及人才提供市场化、专业化人力资源综合解决方案;集成市区各层面和社会各方智慧资源,筹建人才发展研究院,探索建立开放灵活的人才工作研究咨询机制。

2. 搭建更具支撑力的人才发展平台

加强上海临港人才服务中心功能建设,不断拓展窗口受理事项和服务内容,协调新增人才签证受理、职称评审受理等窗口,为人才提供一门式受理、一站式服务。扶持促进线上、线下人力资源产业发展,引导、鼓励中智、易盟、汇思等各类人力资源服务机构和社会组织入驻。推进上海电机学院中德智造学院等专业人才培养平台建设,鼓励院士专家工作站、博士后工作站等平台建设,支持企业与高校、科研院所合作建立产学研平台和人才实训基地,鼓励企业设立技能大师工作室、首席技师工作室。推进高技能人才培养基地、青年职业见习基地、创业见习基地和大学生实习基地建设,鼓励企业员工参加职业技能培训提升专业技能,鼓励大学生在临港就业和创业。支持举办人才主题论

坛、学术研讨等活动，深化"华侨华人创业研习班""海外人才临港行"等品牌活动，完善"大城众创、相约临港"人才招聘集市，以活动为载体引才聚才。

3. 营造更具吸引力的人才配套服务环境

深化临港人才住房保障体系，推出大学生安家补贴，逐步形成在上海最具吸引力的全方位、多层次的人才住房保障体系——以"双定双限房"为特色、以人才公寓及公共租赁房为补充、以人才住房补贴为托底、以人才驿站为衔接，满足各类人才居住需求。针对高端人才推出"一卡通"服务，让人才享受便利的住房、医疗、教育、文体、家政等高质量保姆式服务。

（十六）奉贤园人才工作展望

1. 完善党管人才工作体制机制

坚持"一把手人才工作项目"，强化"一把手抓第一资源"，深入推进"保姆式"服务，当好"店小二"。充分利用好人才资源统计调查数据，全面分析园区人才现状，抓好各支人才队伍建设。加大人才工作宣传力度，开展好企业家、企业高层次人才、企业匠人等宣传报道。

2. 抓好重点人才工作项目申报

对园区规模以上企业普遍开展调查摸底和送政策上门，全面摸清企业人才队伍现状，完善数据库，掌握第一手资源，提前筛选，储备更多符合条件的人选，积极向上推荐，确保奉贤"滨海贤人"、高技能人才等后备人选，力争在高层次人才方面实现突破。

3. 继续开展好人才交流活动

对不同领域、不同层次、不同类型的人才需求采取个性化的"订单式"服务，充分发挥园区桥梁纽带作用，有针对性地创新服务措施。继续开展好企业家游学项目，组织企业家外出考察学习，广交朋友，捕捉商机，扩大经营，增强企业竞争力。继续开展好资源共享午餐沙龙、青年人才读书沙龙等活动，促进产业人才交流互动，提升企业人才的归属感和获得感。组织举办人才政策培训，邀请专家就最近人才政策和动态进行辅导。

（十七）金山园人才工作展望

1. 实施好一个政策

围绕区委、区政府发布的"1+4+4"人才新政，通过1个区级人才总政策、4个区级人才配套政策和4个社会事业领域人才配套政策，加强金山园人才队伍建设。

2. 建立好"三个平台"

以产业人才储备库平台、张江人才服务平台、校企合作平台（企业走进学院招聘）3个平台发挥人才储备、合作服务体系和完善张江人才服务功能。同时，引导好产业特殊人才落户办理。从落户、购房、子女读书、医疗等多角度全方位地对接服务，使人才满意，促进企业创新发展。

3. 组织好各类培训

开办学习超市，做足立体套餐。在精益管理、人才培训、政策解读的基础上，针对个别产业推出"特供餐"服务。进一步满足企业需求，为人才提供全方位、多层次的培训，帮助企业提升管理水平,服务企业发展。

4. 提升服务质量

做好园区人力资源规划,创造适合园区内各类人才创业发展的适宜环境,建立健全人力资源信息库,建立科学有效的人才资源配置服务体系,提供优质、高效的公共服务,为人才的成长和发展创造适宜环境,为金山区的社会经济发展作出应有的贡献。

(十八)崇明园人才工作展望

人才是园区发展的第一资源,而园区配套是否完善是能否吸引人才的关键。目前,崇明园周边不仅高端生活配套设施缺乏,基本的生活配套也非常薄弱,尤其是长兴岛在教育、医疗、文化娱乐、体育设施、公共交通等方面的配套均不完善。不仅留不住高端人才和国际化人才,而且对普通产业工人也不具有吸引力。针对这一现状,企业应积极集聚和获取高层次科技人才。一是要拓宽人才渠道,瞄准国际人才市场,利用好上海这个国际大都市和长三角地区人才资源优势,探索开展引进院士、国外智力工作。二是要充分利用上海高校的教育资源,培养高层次的科技创新人才。三是要对重点人才、重点项目给予重点支持,借助项目平台,吸引和留住高科技领军人才。同时,应通过政策引导来创造良好的工作环境、人文环境和生活环境,激发他们从事科研的主动性、积极性和创造性,以美好的环境优势、倾斜的政策优势吸引人才留住人才。

崇明园管委会在未来的工作中,将继续加强园区人才队伍建设。加快建立健全人才培养、引进、使用、评价、激励机制,培养和凝聚大批海工装备、信息技术,特别是5G技术领域优秀创新人才,建立宏大的创新人才队伍,为园区高质量发展提供坚实支撑。积极了解企业发展需求,加快园区配套设施建设以及适当的政策倾斜,以优美的生活工作环境、便捷的交通设施、优惠的人才政策帮助企业吸引人才、留住人才。

(十九)宝山园人才工作展望

1. 综合提升人才服务水平

完善服务机制,进一步明确服务规范和要求,提升服务品质和办事效率。持续完善区域人才政策体系,做好政策落地工作,联合区域相关重点企业、重点产业园区共同推进、有效保障工作的精确落地。完善人才服务体系,继续加大对各类优秀人才在体检疗休养、就医、子女教育等方面的服务和保障。

2. 加大人才政策宣传力度

通过张江人才服务试点平台、"张江宝山园"微信公众号,开通网上咨询和受理通道,广泛宣传宝山各类人才政策和工作动态,进一步加大人才政策宣传力度,深入宝山园子园、园中园开展人才政策宣讲。

3. 完善人才流动和评价机制

利用人才服务平台,建立人才信息库,完善人才信息资源,便于企业寻找合适的人才信息,进一步加强优秀人才交流平台建设。推动用人制度的市场化改革,加快人力资源服务业发展。

（二十）世博园人才工作展望

1. 吸引高端人才聚集

利用好国家、上海市、浦东新区、张江高新区现有政策的同时查漏补缺，完善园区政策与软硬件配套，引导企业创新发展，吸引高科技人才集聚。

2. 畅通与企业的联系网络

通过企业走访、政策宣传等形式加强与企业的联系，完善企业人事管理通讯录。随着前滩地区各商务楼宇的建成，吸引更多企业入驻。园区要与前滩开发主体保持联系畅通，取得各幢楼宇的建筑信息、企业入驻信息等，为掌握第一手资料做好准备。同时，通过走访各入驻企业，了解企业的基本情况，建立长效沟通联系机制，与企业共同推进世博园人才工作。

3. 完善人才服务窗口

汇博中心成立后，世博地区行政服务中心正式运行，随着企业审批、办税、党建等工作窗口的对外开放，为园区内的企业提供更加便利、完整的服务。进一步完善外籍人才服务窗口和政策宣传，更好服务好区内的外籍人才。

（二十一）黄浦园人才工作展望

1. 集聚创新创业人才

以上海市"科创22条"，以及创新创业、成果转化、创新人才、知识产权、财政科技投入、金融创新等一系列创新政策作为有力支撑，强化市场发现、市场认可、市场评价的人才引进机制,加快对新兴产业创新人才的引进和培育。提高海外人才出入境、工作许可等事项办理的便利化程度,加快集聚国际化创新人才。优化人才服务体系,引入人才中介、人才培训等机构,提供人才政策、人才招录、人才培训、人才管理、人才公寓等全方位的咨询和服务。

2. 营造创新创业良好氛围

积极组织园区企业、人才的交流服务活动,举办政企对接、高层次人才联谊、政策推介、创新创业等人才活动。积极拓展黄浦区人才工作宣传阵地。利用平台、多媒体、微信等移动多媒体,有效宣传区内优秀人才,特别是创新创业人才的先进典型案例,总结推广经验,提高黄浦人才工作品牌和优秀人才的影响力。

3. 完善人才联络机制

根据黄浦区"6+5+X"的产业导向,结合区域社会经济特点,对经区相关部门认定的高层次人才,配合做好服务工作,采集、整理高层次人才的信息,了解高层次人才的需求和动态,加强与高层次人才的沟通联谊,为高层次人才提供精准化专门服务。

(二十二)静安园人才工作展望

1. 加大创新主体培育

完善科技创新政策体系,促进创新生态环境的形成和相关主导产业的集聚,吸引、集聚符合静安发展定位、与区重点产业关联度高、具有科技创新引领性的企业。积极落实国家、上海市的各项扶持政策,研究制定静安区科技创新政策,争取从政策措施上培育、扶持一批能展示区域发展特点、引领科技创新发展的企业,从而培育和聚集一批优秀人才。

2. 优化创新创业环境

营造良好的营商环境,为众创空间落地发展提供支撑,为创业人才和创业企业提供低成本、便利化、全要素、开放式的综合创业服务。联合区内相关部门,多方位集成强化对区域众创空间运营主体的一站式服务。依托静安区众创空间联盟,为众创空间以及科技企业、创新创业者与政府各部门沟通交流搭建平台,解决服务"最后一公里"的问题,使得众创空间成为优秀人才的储备源泉。

3. 健全人才生活服务保障

依托区人才主管部门,不断完善区内人才政策体系,加强人才政策宣传。依托"静安优秀人才护照",继续加大对各类优秀人才在体检疗休养、就医、子女教育、体育锻炼、文化赏析等方面的服务和保障。加强优秀人才交流平台建设,以论坛、沙龙等形式促进各行业人才的交流。

第五章
张江示范区人才服务平台建设试点研究

一、人才服务平台建设试点推进情况

为深入贯彻《国家中长期人才发展规划纲要(2010—2020年)》,落实国务院关于建设张江国家自主创新示范区和张江示范区发展规划纲要(2013—2020年)的两次批复精神,加快建设世界一流科技园区,把握国务院和上海市委、市政府赋予深化改革、先行先试的任务要求,落实上海建设具有全球影响力科技创新中心的战略部署,2014年8月,张江高新区管委会联合市委组织部、市人力资源和社会保障局发布《上海张江国家自主创新示范区人才服务平台建设试点实施办法》,通过支持各分园建设人才服务平台,实行政策创新、制度创新、管理创新和服务创新,建立适合张江示范区的人才管理服务机制,吸引高层次创新创业人才集聚,为建设国际人才改革试验区积累经验。人才服务平台建设以建立健全符合张江示范区特点的人才管理服务机制为核心,探索创新人才服务模式,促进园区人才服务工作科学化、系统化、规范化和社会化发展,为深入推进张江示范区人才高地乃至高峰建设积累经验。

(一)人才服务平台建设试点基本情况

从2014年12月开始，在张江示范区22个分园内先后分三批试点建设了15个社会化运作的人才服务平台，共涉及14家承建单位。《上海张江国家自主创新示范区人才服务平台建设试点实施办法》明确要求，各人才服务平台应建立人才资源数据库和高层次人才信息登记、人才需求目录发布、人才统计分析等工作制度并与张江示范区人才网联网，实现人才数据对接。一方面，人才服务平台在为分园提供服务的同时，依托分园获取企业和部分人才的信息；另一方面，人才服务平台通过各类活动组织、人才服务实施、需求对接、服务对接等工作，持续收集和完善人才数据库信息。原则上，分园人才数据库应覆盖80%以上的高端人才和80%以上的企业，并争取对分园重点人才和团队服务全覆盖。

为了加强对人才服务平台的指导和支持，张江高新区管委会委托上海张江科技创新国际人才研究院（以下简称"人才研究院"）为人才服务平台建设试点第三方推进机构。人才研究院针对人才服务平台建设试点所承担的工作主要包括以下四个方面。

1. 开展人才服务平台建设试点评审工作

负责统一接收申请单位的申报材料，组织专人进行实地勘察，对申报材料进行形式审查，给出初评推荐意见。组织符合基本条件的试点项目召开评审会，对申报项目进行答辩评审，并汇总专家评审意见。

2. 组织人才服务平台建设试点单位开展业务培训和交流活动

除协助张江高新区管委会进行人才服务平台的相关政策和业务培训外，人才研究院还适时组织人才服务平台开展专题讲座和业务沙龙活动，以促进各试点单位的彼此学习和互动交流。

3. 制定人才服务平台试点建设绩效评估标准文件

结合人才服务评价标准的前沿研究和示范区试点平台的建设实际，制定《上海张江国家自主创新示范区人才服务平台试点建设规范手册》，研制人才服务平台试点建设绩效评估表。

4. 对人才服务平台试点单位开展绩效评价工作

对试点平台建设情况进行绩效评价和跟踪调查，总结各试点单位的基本情况、创新模式和亮点工作，撰写人才服务试点平台建设绩效评价报告。

（二）人才服务平台建设试点评估结果

从2016年开始，人才研究院按计划从人才服务、资源整合、信息化管理等维度对试点平台开展了绩效评价考核。从评价考核结果来看，已参与绩效评价的两批次人才服务平台运行状况良好，全部通过考核，具体结果见表5.1。各试点平台单位能够配合分园开展人才服务活动并承担分园赋予的工作任务。在平台运作过程中，依托平台优势，构建"一站式"服务模式，重点探索社会化、市场化的人才服务模式和人才资源配置机制，培育和发展人才服务业，为张江示范区内的企业和人才发展提供人力资源服务和保障。有的试点单位还形成了创新服务模式，在行业中起到了一定的引领示范作用。

表5.1 张江示范区人才服务平台试点单位绩效评价结果

序号	批次	分园人才服务平台	服务单位名称	绩效评价得分
1	第一批	张江示范区漕河泾园人才服务平台	上海临港漕河泾人才有限公司	98.5
2	第一批	张江示范区闸北园人才服务平台	上海人才服务行业协会	91.8
3	第一批	张江示范区长宁园人才服务平台	上海长宁人才发展有限公司	80
4	第一批	张江示范区闵行园人才服务平台	上海莘闵高新技术开发有限公司	82.5
5	第一批	张江示范区临港园人才服务平台	上海临港漕河泾人才有限公司	95.5
6	第二批	张江示范区核心园人才服务平台	上海张江慧诚企业管理有限公司	72.7
7	第二批	张江示范区黄浦园人才服务平台	上海经纬集团图腾企业咨询有限公司	92.7
8	第二批	张江示范区普陀园人才服务平台	上海蓝海人力资源股份有限公司	88.3
9	第二批	张江示范区静安园人才服务平台	上海英达国际人才有限公司	93
10	第三批	张江示范区宝山园人才服务平台	上海中智科创服务外包有限公司	—
11	第三批	张江示范区杨浦园人才服务平台	上海中智科创服务外包有限公司	—

（续　表）

序号	批次	分园人才服务平台	服务单位名称	绩效评价得分
12	第三批	张江示范区虹口园人才服务平台	上海外服（集团）有限公司	—
13		张江示范区金桥园人才服务平台	上海外经贸人力资源有限公司	—
14		张江示范区奉贤园人才服务平台	上海晨达人力资源股份有限公司	—
15		张江示范区金山园人才服务平台	上海金劳人力资源管理有限公司	—

注：第一批试点单位于2016年开展了绩效评价工作，第二批试点单位于2017年开展了绩效评价工作，第三批试点单位暂未开展绩效评价工作。

二、人才服务平台建设试点存在的问题

（一）人才服务平台服务质量和服务能级有待进一步提升

一些人才服务平台办公区域狭小、接待空间不足、服务效率不高，给人才带来不好的服务体验，工作场所、服务环境和服务质量有待优化提升。

各分园人才服务平台服务能级也存在较大差异。一是服务园区企业覆盖率差别较大。少数新试点建设的人才服务平台服务园区企业覆盖率较小，尚不到10%，需要加快完善工作机制，加大对园区企业和人才服务的覆盖面。二是人才服务平台在提供服务内容数量上存在较大差异。在一站式人才服务窗口服务内容数上，多数人才服务平台提供服务内容数都超过了10

项,最多的达65项,但也有一些平台提供服务内容数比较少。

(二)部分人才服务平台试点单位工作成效不明显

一些人才服务平台工作缺少抓手。个别分园由于区域面积不大,企业数量相对不多,对于一般的公共人事服务,区人社局等相关职能部门的服务已经可以有效覆盖。因此,企业在碰到问题时,往往不会想到人才服务平台,致使人才服务平台所发挥的作用不太明显。

人才服务平台自身的宣传和引导作用发挥不明显。一些企业对人才服务平台缺乏认识和了解,对于园区公共人事服务及人才服务平台的关系理解不清晰。在平台开展工作过程中,存在园区企业配合度不高的问题。这需要张江高新区管委会和各分园、各人才服务平台进一步开展宣传和推介,从而提升人才服务平台的企业感知度。而如何结合互联网新思维改进人才服务平台与园区企业之间的沟通,建立快速、高效的沟通渠道和交流机制,也是各分园人才服务平台需要迫切解决的问题。

(三)各分园人才服务平台之间的交流互动有待加强

人才服务平台的建设试点仍处于服务摸索阶段。在遇到一些新问题时,平台难免会没有方向或绕弯路,这就需要及时给予指导意见和经验交流。但由于各分园之间相互独立,人才服务平台之间的联系和交流比较少,从而缺少经验分享和互相学习的机会。目前针对人才服务平台开展的相关活动仍然较少,需要在整个示范区范围内组织更多的人才服务平台建设论坛、服务交流会等活动,提供各人才服务平台之间相互沟通的有效载体。

(四)人才信息数据共享仍然困难重重

人才服务平台开展工作的一个重要任务就是人才数据库建设。但很多企业对人才数据持保密态度,不愿意提供相关信息,就使得数据库建设工作存在较大难度。由于人才服务平台是一个偏市场化的项目,在目前的试点探索阶段,经常会遇到园区企业主体对平台不了解、不愿意支持平台工作的情况,致使许多材料数据(如人才的个人信息)难以获取,搜集难度较大。

人才服务平台的建设是为了更好地服务区域内中高端人才,但这些人才信息分属于不同的管理机构、机关单位,如何将这些人才存量数据汇总,更好地去服务园区企业和人才,需要打通一个共享渠道。

(五)人才服务平台在工作开展中遇到的其他困境

一些分园人才服务平台在补贴资助、考核标准等方面还存在一些认识上的困惑和误区,以及其他方面的合理诉求,需要有针对性地开展调查研究,解决存在的问题,不断提升人才服务平台工作的积极性。

三、推进人才服务平台建设试点的若干建议

(一)继续深化公共服务与社会服务结合的运作模式

张江示范区赋予各分园人才服务平台更多先行先试的公

共服务事项，充分发挥平台的积极作用，深化公共服务与社会服务结合的运作模式，提高人才服务试点平台的公共服务承载能力，促进公共服务效率与平台经济效益的合作共赢，进而带动园区内人才服务业的建设发展。

（二）利用平台优势建立互动交流平台

发挥平台自身优势，以市场化方式建立人才服务平台之间的互动交流平台，加强各分园之间的联系，从而做到优势互补、资源共享。通过人才服务平台之间的沟通交流，围绕平台工作内容等开展培训讲解会，互相分享经验，促进平台间良性竞争与资源对接。

在张江示范区层面，可以组织开展相关培训活动，提供分园人才服务平台优秀示范案例，不断提升园区人才服务平台的服务质量。在促进人才服务平台之间相互交流、相互学习、相互促进的同时，鼓励各分园人才服务平台在发挥人力资源服务职能的框架下，结合自身特长，深度挖掘和调研区域内企业和人才需求，打造特色鲜明的新型人才服务平台。不断搭建人才服务平台与园区企业间的日常交流平台，建立高效沟通机制，使人才服务平台可以及时了解园区企业的需求，准确、迅速地提供相关服务。

（三）完善人才服务平台建设相关机制

一是建立协调机制。针对各试点平台承担政府赋予的公共服务职能较少的情况，各分园管理机构应积极协调相关职能部门,向试点平台赋予更多的公共服务事项,给予针对性的有效指导。二是完善考核评价机制。根据不同分园的实际和特点,分类设置考核评价指标。例如,在招聘方式上,网络招聘会已成为当前人才招聘的一种主要渠道,越来越被人们所接受,同传统的招聘会相比具有节约成本、信息量大、便捷等特点。考核评价指标可以不限定传统招聘和网络招聘,各平台单位可以根据实际情况选择组织不同的招聘方式。三是为人才服务平台提供优惠政策,完善补贴机制。例如,在申请政府扶持方面,对照张江的扶持政策,人才服务类企业很难申请。可以建立相应的补贴扶持机制,按照一定的标准,对人才服务类企业提供机制保障。

(四)推进人才信息数据的深入挖掘和共享

引导各试点平台对所掌握的数据进行更加全面的挖掘分析。目前已有部分人才服务试点平台能够对自身所掌握的数据进行较为充分的挖掘分析,如黄浦园根据企业的招聘需求、公共人事服务需求和人才流动数据,对行业人才分布、职能分布等情况进行分析,并发布一系列分析报告,在促进平台服务绩效的同时,供园区管理单位参考。引导培训各试点平台加强对数据的分析运用,有利于试点平台单位更科学、更有效地开展人才服务,最终实现数据信息的精准引领、人才需求的精准对接和人才政策的精准实施。加大对人才服务平台政策支持,推进人才信息数据在相关部门之间的共享,便于人才服务平台更好地为园区企业提供针对性服务,助力平台高效运转。

(五) 推进人才服务平台贡献和获得感之间的平衡

一方面，继续加强对试点平台提供公共服务的引导、管理和监督，保证试点平台能够发挥作用，真正提供优质服务；另一方面，应切实落实人才服务平台建设的各项政策待遇，为试点平台单位提供必要的创新支持，真正增强试点平台单位的获得感。在张江高新区管委会的指导下，在人才研究院的配合下，关注试点平台贡献和获得感之间的双向互动，有效提升人才服务平台的参与积极性。

(六) 加强对分园人才服务平台的工作指导

进一步加强对分园人才服务平台的工作指导，结合实际统筹各分园发展，定期开展相关培训活动。围绕国际人才试验区人才工作的重点，彰显张江人才工作的政策导向、资源优势和平台功能，探索"以平台引人才、以人才强平台"的模式，进一步加快推进分园人才服务平台建设，联合公共实训基地、海外人才创业园、科技园区，充分利用社会人才智力资源，更好地解决区域内人才发展相关问题。

深入推进人才服务平台建设试点，支持设立就业创业服务、人才落户服务、创新人才职称评审服务、职业资格认证服务、财税政策服务等人才服务窗口和人才统计分析制度。支持实施"互联网+"人才信息化工程，建立一站式在线人才服务平台，开发移动端人才公共服务产品。变"单一受理"为"综合联动"。一站式服务窗口提供的各类服务事项,通过业务整合、流程优化、信息集成、窗口联动,实现多部门、多事项之间的协同联动,体现人才服务的综合优势。

第六章
重点领域人才实训基地试点建设研究

一、重点领域人才实训基地试点建设推进情况

（一）人才实训基地试点建设基本情况

为进一步推动张江示范区优秀人才培育和集聚，2014年8月，张江高新区管委会、市经信委联合在张江示范区重点领域的特色产业基地开展人才实训基地建设试点。重点领域人才实训基地以企业为主体开展产业创新人才培养，通过制度创新、管理创新和服务创新，培育和集聚一批重点产业领域急需的高技能优秀人才，服务张江示范区新技术、新产业、新模式、新业态的快速发展。

自2014年开展张江示范区重点领域人才实训基地试点工作以来，分别于2014年、2015年、2016年、2017年经过分园管理机构审核推荐、第三方机构初评、专家评审、部门会商、网站公示等环节产生确定了四批张江示范区实训基地试点平台。其中，第一批试点平台共3个，分别为闵行园试点平台索尔维投资有限公司和上海航天技术研究院，普陀园试点平台上海化工研究院，分布在2个园区；第二批试点平台共6个，分别为漕河泾园通标标准

技术服务(上海)有限公司、松江园上海普利生机电科技有限公司和天海融合防务装备技术股份有限公司、临港园映瑞光电科技(上海)有限公司、青浦园上海科泰电源股份有限公司和嘉定园上海新微科技发展有限公司,分布在6个园区;第三批试点平台共3个,分别为陆家嘴园试点平台财金通教育科技(上海)有限公司、核心园试点平台上海新净信知识产权服务股份有限公司、青浦园试点平台瑞津(中国)生物科技有限公司,分布于3个园区;第四批试点平台共2个,分别为闸北园试点平台上海财才网信息科技有限公司、青浦园试点平台上海和达汽车配件有限公司。14个重点领域人才实训基地试点平台分布在10个园区。其中,青浦园3个、闵行园2个、松江园2个、核心园1个、普陀园1个、漕河泾园1个、陆家嘴园1个、闸北园1个、临港园1个、嘉定园1个。

为了加强对人才实训基地试点平台的指导和支持,张江高新区管委会委托上海张江高校协同创新研究院(以下简称"创新研究院")为人才实训基地试点平台的第三方管理和推进机构。其所承担的工作主要包括以下六个方面。

(1)试点平台申请评选工作。负责统一接收申请单位的申报材料,组织专人进行实地勘察,对申报材料进行形式审查,提出申报材料补充意见,重点对评选条件、运营管理、人才培养、校企合作等情况进行沟通,按照申报材料、询问情况和反馈意见等,出具初评意见。组织符合基本条件的试点项目召开评审会,对申报项目进行答辩评审,并汇总专家评审意见。

(2)组织开展试点平台培训交流活动。协助张江高新区管委会组织重点领域人才实训基地建设试点平台业务培训和交流活动,涉及业务主题沙龙、业务咨询日活动、培训教材编写研讨等。

(3) 专项发展资金重点项目申报推荐。根据张江高新区管委会的工作部署,对各实训基地申报张江发展资金重点项目材料进行形式审查,提出申报材料调整补充意见,并出具第三方推进机构推荐函。

(4) 开展调研跟踪工作。通过试点平台实地走访、建设情况资料收集、即时征询沟通等方式推进调研活动,对试点平台开展的人才培养工作进行跟踪了解,详细沟通重点领域人才实训基地建设过程中的做法、成效、存在问题和需求等相关情况。

(5) 组织试点平台绩效评估。组织对试点平台建设情况进行绩效评估,撰写试点平台建设绩效评价报告。

(6) 制定《上海张江国家自主创新示范区重点领域人才实训基地建设试点指导手册》。

(二) 人才实训基地试点建设主要成效

试点工作开展以来,第一批、第二批、第三批和第四批共14家重点领域人才实训基地试点平台已累计培训各类人才2 400余人(满足年培训6个月以上的要求),被产业链相关企业聘用1 280人。14家重点领域人才实训基地试点平台共开发建设了专业课程156门,形成了特色专业培训教材54套,所属行业涉及化工、航天、化工新材料、检测、专业化设计服务(3D打印)、半导体光电子、现代科技服务、船舶、金融、知识产权、智能化高端医疗器械开发设计、机械与焊接技术等不同领域,为"四新"经济发展培育集聚人才取得了阶段性成效。具体情况如表6.1所示。

表6.1 重点领域人才实训基地试点平台建设成效一览表

序号	所属分园	试点平台建设单位名称	培养人数	专业课程数量	特色专业培训教材	批次
1	闵行园	索尔维投资有限公司	173	6	1	第一批
2	普陀园	上海化工研究院有限公司	301	5	5	第一批
3	闵行园	上海航天技术研究院	439	2	4	第一批
4	漕河泾园	通标标准技术服务(上海)有限公司	214	5	3	第二批
5	松江园	上海普利生机电科技有限公司	204	4	4	第二批
6	松江园	天海融合防务装备技术股份有限公司	227	36	8	第二批
7	临港园	映瑞光电科技(上海)有限公司	220	5		第二批
8	青浦园	上海科泰电源股份有限公司	216	4	2	第二批
9	嘉定园	上海新微科技发展有限公司	40	2	2	第二批
10	陆家嘴园	财金通教育科技(上海)有限公司	135	27	12	第三批
11	核心园	上海新净信知识产权服务股份有限公司	71	2	3	第三批
12	青浦园	瑞津(中国)生物科技有限公司	184	50	5	第三批
13	闸北园	上海财才网信息科技有限公司	—	3	3	第四批
14	青浦园	上海和达汽车配件有限公司	—	5	2	第四批
合计			2 424	156	54	

注：第四批试点平台培训人数未纳入统计之列。

二、重点领域人才实训基地试点建设存在的问题

(一)培训教材和培训形式的实用性、时效性有待提升

一些实训基地的培训教材、培训课程、培训形式同"四新"经济发展趋势、所处行业的技术特点和企业急需人才的实际岗位任职要求存在一定程度的脱节,还需要进一步加强课程设计和教材编写的实用性和时效性。

(二)实训基地人才培养的服务能级有待提升

目前,各试点平台服务能级差异较大,一些实训基地在培养人数、专业课程数量等方面亟需提升服务能级。人才实训基地还需要进一步整合各类社会资源,提升试点平台仪器设备的使用率,提高人才培养的覆盖面和人才培养质量。

(三)实训基地期望得到更多专项资金的配套支持

为了提升人才培训培养质量,促进开展更多的创新和实践工作,实训基地希望能够进一步得到张江专项发展资金的配套支持,为实训基地创造更多资源和渠道。一些企业反映,目前的扶持资金项目考核指标过于固定,不能适应瞬息万变的市场变化,容易造成资源浪费。而且扶持资金拨发时效滞后,不利于制造型企业发展和项目资金使用的及时性。

(四)人才实训基地需要更多的经验共享平台

人才实训基地希望能够有一些经验共享平台,提供更多试

点平台之间相互参观交流的机会，相互学习，取长补短，以寻求更多资源整合的可能。需要更多点对点、面对面的学校推荐和用人单位推荐，开拓现有的上下游通道，从而更好地为学校和用人单位培养输送人才。

三、推进重点领域人才实训基地试点的若干建议

（一）打造符合企业实际需求的培训教材

进一步加强重点领域人才实训基地试点平台与相关高校合作，根据"四新"经济发展趋势、所处行业的技术特点和企业急需人才的实际岗位任职要求，共同开展特色专业教材编写工作。只有同企业的实际需求结合起来，才能打造出最符合企业实际运用的培训教材。同时，为提高培训学员的学习兴趣，可采取如VR等全新的实训基地创新教材展示形式，为学生提供场景式、互动式体验，既可进行现场模拟，又可进行各个系统动态联系的演示。

（二）提高实训基地人才培训服务效能

重点领域人才实训基地试点平台应积极整合各类社会资源，与市场化运作的专业人才培训机构、行业内上下游企业、有培训需求的高校及企业建立紧密联系机制，提高试点平台实训仪器设备的利用率，扩大人才培养服务覆盖面。尝试市场化运作，提高自身的运营能力，实现多方共赢，降低公共服务成本。同时，可适时增加符合"四新"经济发展需要的新项目，及时调

整已开展的实训培训课程。

(三) 积极发挥示范带动作用

重点领域人才实训基地试点平台已初步形成了管理规范、仪器先进、校企联动的良好局面。由于重点领域人才实训基地各试点平台的建立是根据所在园区的产业分布和培训资源分布特点进行布局,试点平台在不断完善培训功能建设的基础上,应该通过为行业内人才,特别是园区内相关行业人才开展实训培育,扩大辐射力,逐步构建张江示范区重点领域人才实训基地网络体系,进一步发挥示范带动作用。

(四) 加强试点平台间的学习交流

由第三方推进机构组织试点平台开展互动交流活动,挑选教材编写有特色、人才培训有规模、培养模式有亮点的实训基地试点平台进行实地参观见学。可结合如何实现培训规模、特色专业设置情况、开展产业人才培训等方面进行交流,以点带面整体推进张江示范区实训基地试点建设工作,持续推进现有实训基地试点平台人才培养能力和成效。

第七章
人才培养产学研联合实验室
试点建设研究

一、人才培养产学研联合实验室试点建设推进情况

(一)联合实验室试点建设基本情况

2014年8月,为推动张江示范区培育和集聚优秀人才,构建产学研合作培养新兴产业急需人才新机制,推进协同创新的深入发展,张江高新区管委会、上海市教委在张江示范区联合开展人才培养产学研联合实验室建设试点。以科研任务与"2011计划"重点任务为引导,建设以企业为主、联合高校或科研院所建立开放式联合实验室,深化大学学科与园区新兴产业的跨界融合,建立导师带教研发、转化成果、承接研发外包、人才共享收益的"嵌入式"双向育人新模式。

自开展人才培养产学研联合实验室试点工作以来,分别于2014年、2015年、2016年、2017年经过分园审核推荐、第三方机构初评、专家评审、部门会商、网站公示等环节产生确定了三批张江示范区人才培养产学研联合实验室试点平台(第三批申请单位1个,因不符合人才培养产学研联合实验室建

设基本要求,未通过初评)。其中,第一批6个试点平台、第二批12个试点平台、第四批5个试点平台。目前人才培养产学研联合实验室试点平台共计23个,所属行业分别涉及化工、生物医药、通信、装备制造、智能物流、信息安全、电子商务、工业自动化仪表、汽车空调、纳米材料、生物酿造等不同领域。从试点在11个分园的分布情况看,共涉及核心园9个、金桥园3个、杨浦园2个、闵行园2个、宝山园1个、闸北园1个、松江园1个、金山园1个、陆家嘴园1个、普陀园1个、漕河泾园1个。

为了加强对人才培养产学研联合实验室试点平台的指导和支持,张江高新区管委会委托上海张江高校协同创新研究院为产学研联合实验室试点平台的第三方管理和推进机构。其所承担的工作主要包括以下六个方面。

(1)试点平台申请评选工作。负责统一接收申请单位的申报材料,组织专人进行实地勘察,对申报材料进行形式审查,提出申报材料补充意见,重点对评选条件、运营管理、人才培养、校企合作等情况进行了沟通,按照申报材料、询问情况和反馈意见等,出具初评意见。组织符合基本条件的试点项目召开评审会,对申报项目进行答辩评审,并汇总专家评审意见。

(2)组织开展试点平台培训交流活动。协助张江高新区管委会组织人才培养产学研联合实验室试点平台业务培训和交流活动,涉及业务主题沙龙、业务咨询日活动、建设绩效评估研讨会等。

（3）专项发展资金重点项目申报推荐。根据张江高新区管委会的工作部署，对各联合实验室申报张江发展资金重点项目材料进行形式审查，提出申报材料调整补充意见，并出具第三方推进机构推荐函。

（4）开展调研跟踪工作。通过试点平台实地走访、建设情况资料收集、即时征询沟通等方式推进调研活动，对试点平台开展的人才培养工作进行跟踪了解，详细沟通人才培养产学研联合实验室建设过程中的做法、成效、存在问题和需求等相关情况。

（5）组织试点平台绩效评估。组织对试点平台建设情况进行绩效评估，撰写试点平台建设绩效评价报告。

（6）制定《上海张江国家自主创新示范区人才培养产学研联合实验室建设试点指导手册》。

（二）联合实验室试点建设主要成效

试点工作开展以来，第一批和第二批共18家人才培养产学研联合实验室试点平台已累计培训学员5 000余人，其中硕士研究生及以上学历2 500余人。23家人才培养产学研联合实验室试点平台结合企业自身的科研任务和培训对象的实际需求，以企业的研究课题为导向，将理论与实践相结合，共建立了各类专业课程190门，其中第一批和第二批试点平台已开设特色课程105门，为实践带教的研发、试验、生产等具体项目的实施奠定了良好基础。具体情况如表7.1所示。

表 7.1 人才培养产学研联合实验室试点平台建设成效一览表

序号	所属分园	试点平台建设单位名称	培养人数（名）	研究生及以上学历（名）	专业课程数量（门）	特色课程数量（门）	批次
1	核心园	上海众人科技有限公司	400	78	18	3	第一批
2	核心园	上海求实戴实业发展有限公司	700	595	13	10	第一批
3	金桥园	上海博康智能软件技术有限公司	329	165	5	6	第一批
4	杨浦园	上海巅峰健身有限公司	230	143	11	11	第一批
5	闵行园	索尔维投资有限公司	225	225	4	3	第一批
6	宝山园	海隆石油工业集团公司	160	64	4	3	第一批
7	核心园	上海速锐信息技术有限公司	188	65	4	4	第二批
8	核心园	上海华虹集成电路有限责任公司	236	122	9	9	第二批
9	核心园	上海微创医疗器械（集团）有限公司	282	282	4	4	第二批
10	核心园	上海鹏越惊虹信息技术发展有限公司	295	193	13	10	第二批
11	核心园	东方钢铁电子商务有限公司	201	106	4	4	第二批
12	核心园	上海宝信软件股份有限公司	203	87	13	5	第二批

第七章 人才培养产学研联合实验室试点建设研究　　171

(续 表)

序号	所属分园	试点平台建设单位名称	培养人数(名)	研究生及以上学历(名)	专业课程数量(门)	特色课程数量(门)	批次
13	核心园	上海亿凯信息技术有限公司	202	29	4	4	第二批
14	金桥园	上海贝尔软件有限公司	200	140	3	3	
15	闸北园	鼎捷软件股份有限公司	733	25	7	7	
16	松江园	上海西派埃自动化仪表工程有限责任公司	92	20	8	4	
17	闵行园	上海加冷松芝汽车空调股份有限公司	169	16	9	9	
18	金山园	上海新安纳电子科技有限公司	203	156	6	6	
19	陆家嘴园	上海金枫酒业股份有限公司	—	—	20	—	第四批
20	金桥园	中移德电网络科技有限公司	—	—	15	—	
21	杨浦园	上海光和光学制造股份有限公司	—	—	2	—	
22	普陀园	上海化工研究院有限公司	—	—	6	—	
23	漕河泾园	上海大唐移动通信设备有限公司	—	—	8	—	
合 计			5 048	2 511	190	105	

注：第四批试点平台培训人数和特色课程未纳入统计之列。

二、人才培养产学研联合实验室试点建设存在的问题

(一)企业对加大试点建设经费支持的呼声较高

联合实验室需要持续不断地进行改进建设,教学实验设施也要随着技术发展不断更新,这就使得联合实验室需要在培养学生过程中投入大量研发经费和培养资金。实验室发展需要给予建设经费支持,企业希望政府部门能够加大对联合实验室建设的经费投入力度,对工作成效考核成绩优良的试点平台给予适当奖励。

(二)联合培养学生的住宿和交通等现实问题难以解决

联合实验室培养的学生或高校教师在企业开展技术研发有住宿的需求,尤其对于地处偏远郊区的企业,与一些合作高校距离非常远,学生难以接受长距离的通勤,从而限制了联合实验室的生源。

(三)联合实验室对研发和产业化的促进作用有待增强

企业同高校在相关专业领域开展各种联合研究,还需要从顶层设计上进一步加大统筹力度,给予政策、资金等方面的支持和引导,从而不断促进重点领域的整体研发水平和产业化水平,提升人才培养的针对性和有效性。

(四)试点平台期望进一步拓宽相关合作交流渠道

试点企业希望园区能够多组织一些试点单位之间的合作交流会,如组织新试点的实验室参观学习优秀实验室的管理经

验,促进对优秀人才跟踪培养机制的案例化指导,深化园区企业合作发展的广度和深度。进一步加强同高校的合作交流,为联合实验室开展产学研合作提供更多合作资源和渠道。

三、推进人才培养产学研联合实验室试点的若干建议

(一)推动联合实验室特色专业建设

试点平台在校企合作过程中,应与合作高校充分沟通交流,深度、多元化参与到高校人才培养工作,推进产教协同育人,逐步形成以产业链、创新链需求为导向的人才培养结构。将高校的学科培养和企业的专业培养交叉融合,共同设置培训专业,推进联合实验室特色课程的专业化、标准化和规范化,实现人才梯次有序、培育功能互补。

(二)拓宽试点平台人才培养途径

联合实验室既是企业的人才培养基地,也是合作高校的重要教学和科研工作的延伸。试点平台要整合协调上下游企业资源,带动产业内中小型企业共同参与到联合实验室人才培养工作中。试点平台要不断尝试通过多种形式与高校、科研院所开展产学研用深度合作,创新培训方式,通过建立稳定的校企合作机制,进一步拓宽人才培养途径。

(三)创新高层次人才培训服务供给

试点平台应该充分利用张江示范区先行先试的政策资源,

在人才培养过程中强化工匠精神融入,加强国际交流合作,积极推进企业与合作高校实行课程学分互认工作。通过制度创新、管理创新、人才培养模式创新,有效提高对目标培训人员的吸引力。将企业自身科研需求的实际任务,结合高校、科研院所的人才培养优势,结合产业核心技术和关键工艺的试验研究,开展科技创新,主动承担国家、上海市和张江示范区的重大科研任务,以项目的形式引导培训人员学习,为社会培养具有较强实践能力的、适应社会多样化需求的高层次创新型人才。

第八章
外籍人才出入境政策创新分析研究

2014年5月,习近平总书记在上海考察时指出,上海要努力在推进科技创新、实施创新驱动发展战略方面走在全国前头,走在世界前列,加快向具有全球影响力的科技创新中心进军。这对有承担国家战略传统且有条件的上海而言,赋予的是通过科技创新找到未来发展的动力源,代表国家参与全球竞争,为创新型国家建设探路。当前,上海的发展正站在新的历史起点上,要当好新时代全国改革开放排头兵、创新发展先行者,加快建设"五个中心",建设卓越的全球城市和具有世界影响力的社会主义现代化国际大都市,人才是决定性因素,当前比以往任何时候更加渴求人才,特别是卓越人才。抓人才是上海构筑战略优势、打造战略品牌、实现战略目标的第一选择和最优路径。上海的人才工作要有"国际视野、全球资源、开放理念",必须对标国际最高标准、最好水平,面向全球、面向未来,围绕推动高质量发展、创造高品质生活,以更加积极、更加开放、更加有效的人才政策,广开进贤之路,广纳天下英才。为了厚植发展的人才优势,上海正在加快构建具有全球竞争力的人才制度体系,努力建设世界一流的人才发展环境。在这套体系中,外籍人才出入境政策具有举足轻重的作用。

张江国家自主创新示范区是上海建设具有全球影响力的科技创新中心的核心载体,是上海创新发展的重要引擎,也是我国在更高层次上参与全球科技竞争与合作的代表区域。围绕建设具有全球影响力的科技创新中心和建设张江综合性国家科学中心的国家战略,从中央到地方集中各方面力量深入开展吸引外籍人才的出入境政策创新,积极推进国际人才试验区建设,使张江示范区加快成为对外开放程度最高、拥有较强全球资源配置能力的国际化人才高地。

一、张江示范区外籍人才出入境政策体系

(一)国家层面

为贯彻落实习近平总书记对上海工作的系列指示精神,推进上海更深层次、更宽领域、更大力度的全方位高水平开放,近年来,公安部、国家移民管理局主动适应上海改革开放发展的新形势新变化,主动对接上海对移民管理政策的新需求、新期待,立足上海作为我国最大的经济中心城市的实际,聚焦上海当好全国改革开放排头兵、创新发展先行者,建设具有全球影响力的科技创新中心,为构建开放型经济新体制探索新路的时代使命,研究出台了一批在上海先行先试的更加开放的引进外籍高端人才、专业人士来沪工作、科研、交流的停居留政策,更具吸引力的外国人来沪旅游、休闲、学习的出

入境便利措施,更具竞争力的鼓励外国人来沪创新、创业、投资的出入境管理制度,更具获得感的外国人在沪融入发展的出入境服务措施。

1. 公安部支持上海科技创新中心建设12项出入境政策措施

2015年7月1日,上海率先实施公安部支持上海科技创新中心建设12项出入境政策措施(以下简称"12条新政"),以最便捷的出入境环境、最优良的外籍人才居留待遇、最高效的出入境服务,吸引海内外高层次人才和创新创业人员集聚上海。

从新政内容及实施目的的角度出发,可将"12条新政"划分为以下四个方面。

第一个方面:以更加开放的姿态、更加市场化的方式,加大上海科创中心对海外高层次人才吸引力度。新政在原有永久居留政策的基础上,新增以挂钩工资和税收为主导的市场化申请渠道;对上海认定的外籍高层次人才,以及在科技创新"职业清单"所属单位工作的高级专业人才,工作满3年后,就能够申请永久居留;对外籍高层次人才和行业高级专业人才未持签证来华或者持其他签证来华的,均可为其提供入境和申办人才签证等便利。具体如表8.1所示。

表8.1 "12条新政"措施之类型一

序号	具体措施	政策内容
1	建立市场认定人才机制,畅通人才申请永久居留的市场化渠道	外籍人员在沪已连续工作满4年、每年在中国境内实际居住累计不少于6个月,有稳定生活保障和住所,工资性年收入和年缴纳个人所得税达到规定标准,经工作单位推荐,可以申请在华永久居留

(续　表)

序号	具体措施	政策内容
2	对重点领域、行业引进的外籍人才和科技创新团队成员，完善从就业居留向永久居留资格的转换机制并缩短审批时限	在保留现有永久居留资格申请途径基础上，对经上海人才主管部门认定的外籍高层次人才，上海科技创新主管部门制定的科技创新职业清单所属单位聘雇并担保的行业高级专业人员（不受60周岁年龄限制），签发5年有效期的工作类居留许可。工作满3年后，经单位推荐可以申请在华永久居留，并进一步缩短审批时限
3	扩大高层次人才在口岸和境内申请办理人才签证的范围，提供入境和停居留便利	对上海市人才主管部门认定的外籍高层次人才、上海科技创新职业清单所属单位聘雇的行业高级专业人才或者其他邀请单位出具证明属于高层次人才的外国人，未持证来华的，可以向抵达口岸签证机关申请人才签证，入境后可按规定办理居留许可；持其他签证来华的，入境后可以申请变更为人才签证或者按规定办理居留许可

目的：真正实现让市场在评估和配置创新人才中发挥决定性作用，切实让高层次人才在出入境方面享受到最大的便利

第二个方面：加大对创业初期人员孵化支持力度，为创新创业人员集聚上海科创中心创造更为优良的出入境环境。新政支持外国留学生在我国高等院校应届毕业后直接在上海创新创业，对愿意毕业后在上海创新创业的留学生，不再要求具有2年工作经历，可直接留在上海创业；进一步简化外国人来上海创新创业的入境和居留手续，对身在海外、有意愿来沪创新创业的外国人，允许申请口岸签证直接入境；扩大长期居留许可的签发范围，对第三次申请工作居留许可且无违法违规等问题的，可签发5年以内工作居留许可，使在上海工作的外国人享有更稳

定的居留预期。具体如表8.2所示。

表8.2 "12条新政"措施之类型二

序号	具体措施	政策内容
4	支持外国留学生在我国高等院校应届毕业后直接在上海创新创业,吸引在华外籍优秀高校毕业生的智力资源	具有在上海创新创业意愿的外国留学生,可以凭高等院校毕业证书等材料申请有效期2年以内的私人事务类居留许可,进行毕业实习及创新创业活动。在此期间,被有关单位聘雇的,可以按规定办理工作类居留许可
5	进一步简化来上海创新创业外国人的入境和居留手续,从境外吸引外国人才资源	一是对持有人社、外专部门签发的工作许可证明来上海工作的外国人,允许其在入境后直接凭工作许可证明申请有效期1年以内的工作类居留许可;也可以向抵达口岸签证机关申请工作签证,入境后按规定办理相应期限的工作类居留许可。二是对计划来上海投资或者创新创业的外国人,来不及办理工作许可证明的,可凭投资证明或者创业计划、生活来源证明等,向抵达口岸签证机关申请私人事务签证,入境后可以申请私人事务类居留许可
6	扩大长期居留许可签发范围,使在上海工作的外国人享受更为稳定的居留预期	对于在上海工作的外国人,如其已连续两次申请办理工作类居留许可,且无违法违规问题的,第三次申请工作类居留许可,可以按规定签发有效期5年以内的工作类居留许可,使其享受更为稳定的居留预期

目的: 通过以上措施,放宽外籍创新创业人员停留居期限,扩大停留居证件签发范围,给其创业创新以充分的空间和时间,有助于上海科创中心加强人才储备和梯队建设

第三个方面:进一步促进国内人才流动,为内地居民和港澳台居民在上海创业就业提供更大的出入境便利。新政结合上海居住证政策,扩大非上海户籍居民在上海申请出入境证件的范围;授权上海市公安机关制定港澳居民特殊人才及家属来上

海定居政策并实施审批。具体如表8.3所示。

表8.3 "12条新政"措施之类型三

序号	具体措施	政策内容
7	结合上海居住证政策,扩大非上海户籍居民在上海申请出入境证件的范围	在现有政策基础上,允许持上海市居住证的人员凭居民身份证即可在沪申请办理各类出入境证件(赴港澳台定居除外),进一步便利人才在沪居住生活
8	授权上海市公安局出入境管理局制定港澳居民特殊人才及家属来上海定居政策,并授权上海市公安局进行审批,以提高审批效率,更好地吸引港澳人才	

目的:进一步激发地方活力,提高工作效率,吸引各路英才

第四个方面:进一步提高出入境专业化服务水平,为上海科创中心打造优良便捷的出入境软环境。新政对外籍高层次人才聘雇的外籍家政服务人员签发居留许可,提供居留便利,满足外籍人才工作生活需求;推动完善过境免签政策和入境免签政策,营造优良的出行环境。具体如表8.4所示。

表8.4 "12条新政"措施之类型四

序号	具体措施	政策内容
9	对外籍高层次人才随行的外籍私人服务人员提供居留便利,满足个人工作生活需求	对已获得在华永久居留资格或持有工作类居留许可的外籍高层次人才和创新创业人才,提供个人担保和雇佣合同,可以为其随行的外籍私人服务人员签发相应期限的私人事务类居留许可

(续　表)

序号	具体措施	政策内容
10	推动完善上海口岸和长三角地区外国人过境免签政策,构建更为便捷宽松的商务旅游环境	积极支持上海市向国务院申请实施部分国家人员过境免签政策停留期限从72小时延长至144小时,从空港口岸扩大至海陆空港口岸,并实现长三角相关口岸过境免签政策联动
11	探索研究外国旅游团乘坐邮轮经上海入境免签政策,全力支持发展邮轮经济	积极支持上海市向国务院申请对乘坐邮轮抵达上海的外国旅游团实施免签入境政策
12	公安部和上海市政府建立部市协作机制,持续推动和支持上海科创中心建设	

目的:通过营造优良的出行和居留环境,充分满足外籍高层次人才和创新创业人才在出入境方面的合理需求,使上海科创中心不仅能够吸引人才,更能留住人才

2.《上海系统推进全面创新改革试验　加快建设具有全球影响力的科技创新中心方案》

2016年4月12日,国务院出台《上海系统推进全面创新改革试验　加快建设具有全球影响力的科技创新中心方案》(以下简称《方案》)。围绕上海建设具有全球影响力的科技创新中心总体目标定位,《方案》着眼突破制约创新发展的体制机制障碍,授权推进先行先试一系列改革举措,具体包括:由公安部、人力资源社会保障部、国家外国专家局等多部门统筹协调,在上海开展海外人才永久居留、出入境便利服务,以及在沪外国留学生毕业后直接留沪就业等政策试点;推进张江国家自主创新示

范区建设国际人才试验区,建设海外人才离岸创业基地。

3. 公安部支持上海科创中心建设出入境政策的10条新措施

2016年12月9日,公安部支持上海科创中心建设出入境政策的"新十条"措施正式实施。这是继2015年7月公安部出台支持上海科创中心建设出入境12项政策措施后又推出的一系列举措,旨在吸引海外人才创新创业,方便外籍华人安居乐业,对外籍投资者申请永久居留给予倾斜,为外国学生就读和创新创业提供便利,促进上海吸引和集聚更多海外高层次人才、创新创业人才和海外投资者,为上海科技创新提供源源不断的内生动力。

"新十条"中的多项政策措施真正发挥"双自"地区、"双创"基地在评估和认定人才方面的作用,使急需的高层次人才在签证、居留和永久居留等方面享受到最大限度的便利。"新十条"给予外籍华人停居留和永久居留突破性的便利,有利于激发外籍华人回国创新创业的热情。同时,"新十条"充分关注外籍人才在华的家庭需求,通过放宽外籍人才随行家属申请永久居留的范围、方便外籍中小学生入境就读、放宽海外人才聘雇家政服务人员范围等创新举措,满足外籍人才在沪的家庭生活需求,使其拥有更好的居留预期。表8.5列示了"新十条"政策措施的四大亮点。

"新十条"的推出,既满足了外籍高层次人才、留学归国创业外籍华人、外籍学生和外籍创业团队等海外人才的迫切需求,又解决了制约吸引和聚集各类人才服务科创中心建设的政策瓶颈,并将政策覆盖面拓宽到国务院批准设立的"大众创业、

表 8.5 "新十条"政策措施亮点

亮点一：实施不断开放的政策，吸引海外人才创新创业

序号	政 策 内 容	说 明
1	对符合认定标准的外籍高层次人才，经上海张江国家自主创新示范区和中国（上海）自由贸易试验区（以下简称"双自"区）管委会推荐，可直接申请在华永久居留（其外籍配偶和未成年子女可随同申请），同时缩短审批时限。授权上海市公安局会同有关部门制定相关人才认定标准，报公安部批准后实施	"双自"区内工作的外籍高层次人才可通过单位向"双自"管委会申请推荐，并经管委会推荐函直接向出入境管理局申请永久居留。永久居留审批时间从原来的6个月缩短为50个工作日
2	允许具有硕士以上学历（含硕士）的外籍人才，或由"双自"区内企业、国务院批准推建设立的"大众创业、万众创新"示范基地（以下简称"双创"示范基地）企业、上海市高等院校、科研院所聘雇或邀请的外籍人才，未持签证来华的，可持相关证明向上海口岸签证机关申请人才签证。入境后办理居留许可；持其他签证来华的，入境后可申请变更为人才签证或按规定办理居留许可	该政策放宽了人才签证的签发范围，具有硕士以上学历的，或由"双自"和"双创"企业、高校和科研院所等单位聘雇或邀请的外籍人才，可申请人才签证或入境后变更为人才签证
3	对于市场化认定在华永久居留从就业居留向永久居留资格转换的外籍人才，允许其外籍配偶和未成年子女随同申请永久居留	符合条件的外籍高层次人才从就业居留向永久居留资格转换时，其随行外籍配偶和未成年子女可以同时申请永久居留
4	允许获得在华永久居留资格或持有工作类居留许可的外籍高层次人才和港澳台高层次人才聘雇外籍家政服务人员，此类外籍家政服务人员可向上海口岸签证机关申请私人事务（S2字）签证入境	除了外籍高层次人才外，其他符合条件的外籍人才以及港澳台高层次人才，也可以聘雇外籍家政服务人员。如外籍家政服务人员来未及在境外办理签证的，可在上海口岸办理私人事务（S2字）签证入境

(续 表)

序号	政 策 内 容	说 明
	亮点一：实施不断开放的政策，吸引海外人才创新创业	
5	对于外籍人员在申请永久居留过程中提交的国外无犯罪记录证明、婚姻证明、出生证明、亲属关系证明等相关材料，可以由有关国家主管部门出具并经中国驻该国使（领）馆认证，也可以提交所属国驻华使（领）馆出具的证明	外国人申请永久居留时提供的国外无犯罪记录等证明材料，无论是经过我驻外使领馆认证的，或是由其所属国驻华使领馆出具的，今后都可以受理
	亮点二：实施积极务实的政策，方便外籍华人安居乐业	
6	外籍华人具有博士研究生以上学历的，或在"双目"区内或"双创"示范基地内单位连续工作满4年，每年在中国境内实际居住累计不少于6个月的，可以申请在华永久居留（其外籍配偶和未成年子女可随同申请）	外籍华人如具有博士学历的，不需要政府部门或工作单位推荐，可以直接申请永久居留；在"双目"或"双创"区内单位工作满4年的，也可以申请永久居留，对其学历、职务或工资方面没有再有要求
7	外籍华人凭探望亲属、洽谈商务、科教文卫交流活动或处理私人事务的相应证明或担保，可申请5年以内多次入出境签证；在上海工作、学习、探亲以及从事长期居留的，可视规定申请有效期5年以内的居留许可	外籍华人临时来洽谈商务或从事科教文卫交流活动的，凭相关证明材料可办理5年以内多次往返签证，每次在华停留不超过6个月；在上海长期工作、学习、探亲的，相关居留证有效期限放宽至最长5年
	亮点三：实施优化宽松的政策，对外籍投资者申请永久居留给予倾斜	
8	外籍人员以自然人身份或通过本人为控股股东的公司企业，在上海市直接投资，连续3年投资情况稳	对于申请永久居留的外籍投资者，将投资额度要求从200万美元降低至100万美元。同时放宽投资者认定方式，如该人是以

(续 表)

亮点三：实施优化宽松的政策，对外籍投资者申请永久居留给予倾斜

序号	政 策 内 容	说 明
8	投资数额合计达到100万美元（国家颁布的《外商投资产业指导目录》鼓励类产业投资合计达到50万美元）以上且纳税记录良好的，可直接申请在华永久居留（其外籍配偶和未成年子女可随同申请）	自然人身份作为控股股东的公司企业投资的，也可以提出申请

亮点四：实施灵活便捷的政策，为外国学生就读和创新创业提供便利

序号	政 策 内 容	说 明
9	在上海高校就读的外国学生，经所在高校同意并出具推荐函，可以申请在学习类居留许可上加注"双自"区内或"双创"示范基地内从事兼职创业活动。在境外高校就读的外国学生，受上海企事业单位邀请前来实习的，可以向上海口岸签证机关申请短期私人事务签证（加注"实习"）入境进行实习活动；持其他种类签证入境的，也可在境内申请变更为短期私人事务签证（加注"实习"）进行实习活动	该政策针对两类外国学生。一类是上海高校在读留学生，经学校同意向出入境管理部门申请在学习类居留证件上加注"创业"，就可以在"双自"或"双创"区内兼职创业；另一类是境外高校在读外国学生，受上海企事业单位邀请可以办理实习签证
10	对上海市中小学校招收的外国学生，因紧急事由来上海就读的，可凭学校录取通知书等证明函件向上海口岸签证机关申请学习（X1字）签证，入境后可按规定办理学习类居留许可；持其他签证入境的，可凭学校录取通知函件等证明签发学习类居留许可	该政策为外籍中小学生提供申请口岸签证和身份转换的便利

万众创新"示范基地(简称"双创")地区进行先行先试。"新十条"还使人才"30条"中提出的"探索在'双自'地区工作(即张江国家自主创新示范区和中国(上海)自由贸易试验区地区)并经双自管委会推荐的外籍高层次人才办理永久居留"的意见得到了落地,为吸引、留住海外人才创造了更好的政策条件和环境。

4. 上海出入境聚英计划(2017—2021)

部市合作机制领导小组办公室经过深入调研,制定了服务上海自贸区改革、推进科创中心建设的出入境政策措施五年计划,即"上海出入境聚英计划(2017—2021)"(简称"聚英计划")。2017年10月30日,公安部批复同意实施"上海出入境聚英计划(2017—2021)"。"聚英计划"主要涉及"持续出台出入境政策措施""开展外籍人才移民融入计划""参与开展《中华人民共和国国籍法》修订调研""'走出去'开展政策调研宣介、争取人才""不断完善部市合作机制"五大项目,2017—2021年实施,为上海推进科创中心、自贸试验区建设增添新动力。

2018年1月16日,公安部、上海市政府召开"公安部、上海市政府推进上海科技创新中心建设合作机制2017年度会议",正式推出"上海出入境聚英计划(2017—2021)"。根据该计划,公安部将陆续出台一批出入境政策在上海先行先试,重点吸引国家急需、紧缺的高端外籍人才,同时,不断创新举措,深化改革开放。上海市政府将进一步落实人才强国战略,促进创新驱动发展,大力优化科创环境。依托现有公共服务体系,探索建立政府主导、部门联动、社会参与的永久居留外国人融入服务模式，促进外籍人才社会融入，推进人才高峰建设，并提出争取在5年间吸引一大批外籍高层次人才和创新创业人才，努力实现"聚天下英才而用之"的目标，共同将上海打造成为全球卓越城市。5月2日，上海市公安局、中国（上海）自由贸易试验区管理委员会、上海市张江高新技术产业开发区管理委员会、复旦大学、上海交通大学等10家单位共同会签了《"上海出入境聚英计划"相关政策实施办法》，对2018年推出的三项政策进行了全面细化，明确了"高端外籍人才"的认定标准、居留证件的申办流程和审批条件、需要提交的具体申请材料等事项，以确保三项出入境新政全面落地。

2018年首批推出三项出入境新政是：

（1）由中国（上海）自由贸易试验区和张江国家自主创新示范区（以下简称"双自"区）引进的外籍首席专家和科技领军人才，经"双自"区管委会认定后可推荐并担保其科研团队中不超过6名外籍核心成员申请在华永久居留。

（2）在"双自"区以及国务院批准设立的"双创"示范基地内单位工作的外籍人才，经工作单位和兼职单位备案担保，可以兼职创新创业。

（3）国内重点高等院校或者境外知名高校的外籍学生，毕业后2年内来上海创新创业的，可凭学历（学位）证明申请有效期2年以内的居留许可；对其中在上海符合规定的单位连续工作满3年，工作情况、纳税记录和社会信用记录良好，经聘用单位担保推荐的，可申请在华永久居留。

上述三项政策一是为顶尖科研团队中的外籍核心成员申

请永久居留提供便利,授予顶尖人才自主推荐权,为其组建科研团队提供支撑;二是突破外籍人才只能在一家单位工作的限制,允许"双自"和"双创"区外籍人才兼职创新创业,为用人单位聘用外籍人才提供了更多的人才储备和选择,同时也为外籍人才充分施展才能提供更加广阔的平台;三是为全球外籍优秀毕业生来沪发展提供长期居留和永久居留便利。

5. 合作备忘录

为深入贯彻落实习近平总书记对上海提出的"加快向具有全球影响力的科技创新中心进军"等重要指示精神,在推出系列出入境政策措施支持上海科技创新中心建设的基础上,2015年12月9日,公安部与上海市政府签署共同推进上海具有全球影响力的科技创新中心建设合作备忘录,积极推进完善出入境配套政策措施,持续推动上海科技创新中心建设。这是全国首次建立公安部与地方省(自治区、直辖市)政府之间的部市合作关系。合作备忘录的签署,标志着部市协作机制的正式建立。公安部出入境管理局与张江示范区管委会建立的定点联络合作机制,为深入推进创新政策落地生效、及时进行政策绩效评估、持续研究政策创新建立了有效机制。

2019年11月19日,公安部与上海市人民政府签署《建立健全移民与出入境管理服务机制 推进实现上海高水平开放合作备忘录》,就充分发挥移民管理职能作用、改革创新移民管理制度机制、先行先试出入境政策措施、促进服务经济社会发展建立合作机制。新试行的出入境政策包括:上海引进的国际公认杰出成就的外国人,可直接申请永久居留;上海高新技术企业、创新型企业、重点高校、科研机构和金融领域引进、推荐的外籍高层次人才可申请永久居留，获得永久居留资格高端人才可推荐外籍专业人才申请永久居留。上述政策措施将有力地促进上海引才引智工作，增强企业竞争力，进一步优化营商环境。上海作为深化移民管理政策制度改革先行先试区，在合作机制框架下，能够形成更多可在全国复制推广的移民管理服务政策措施和经验做法，积极服务改革开放发展大局，促进中外人员交往交流。

（二）上海市层面

1. 上海市人才发展"十三五"规划

《上海市人才发展"十三五"规划》将建设国际人才试验区作为八项重点工程之一，依托上海自贸试验区、张江国家自主创新示范区的改革平台，充分发挥"双自联动"优势，推进人才政策先行先试，构建人才、智力、技术、资金、管理、服务等创新要素高度集聚的国际人才试验区。同时，规划还提出要实施更积极、更开放、更有效的海外人才引进政策。规划的具体内容包括：优化永久居留证申办条件，健全完善市场认定人才机制。完善永久居留证申办途径，健全从居留向永久居留的转化衔接机制。逐步有序放宽为境外高层次人才聘雇的外籍家政服务人员签发相应期限的私人事务类居留许可。扩大外籍高层次人才在口岸和境内申请办理R字签证（人才签证）的范围。扩大来沪创新创业的外国人在口岸申请Z字签证（工作签证）和S2字签证（私人事务签证）范围。探索实施外国留学生毕业后直接在上海创新创业政策,符合条件的外国留学生可直接办理就业手续、签证和工作类居留许可。争取在上海自贸试验区试行海外人才技术移民政策。

2. 科创"22条"

2015年5月26日,上海发布《关于加快建设具有全球影响力的科技创新中心的意见》(即科创"22条")。意见中指出,缩短外籍高层次人才永久居留证申办周期。简化外籍高层次人才居留证件、人才签证和外国专家证办理程序。对长期在沪工作的外籍高层次人才优先办理2~5年有效期的外国专家证。建立外国人就业证和外国专家证一门式受理窗口,对符合条件的人才优先办理外国专家证,放宽年龄限制。开展在沪外国留学生毕业后直接留沪就业试点。完善上海市海外人才居住证(B证)制度,降低科技创新人才申请条件,延长有效期限最高到10年。充分发挥中国(上海)自由贸易试验区和张江国家自主创新示范区政策叠加和联动优势,率先开展人才政策突破和体制机制创新,推进"双自"联动建设人才改革试验区。

3. 人才"20条"

2015年7月6日,上海聚焦人才集聚、人才管理、人才环境三个领域,出台《关于深化人才工作体制机制改革促进人才创新创业的实施意见》(简称人才"20条"),提出推动"双自联动"建设人才改革试验区。以上海自贸试验区、张江国家自主创新示范区为改革平台,发挥"双自联动"优势,创建人才改革试验区,推进人才政策先行先试,为全市人才工作体制机制创新突破提供可复制、可推广的经验。

4. 人才"30条"

2016年9月,上海市委、市政府发布《关于进一步深化人才发展体制机制改革加快推进具有全球影响力的科技创新中心建设的实施意见》(简称人才"30条"),围绕"聚天下英才而用之"和"放权松绑",从海内外人才集聚、人才体制机制创新、人才创新创业生态优化等方面,加大制度创新和先行先试改革突破力度,深入推进人才发展体制机制改革。

5. 永久居留"一门式"服务

为深入贯彻落实习近平总书记考察上海时的重要讲话精神,全力实施"三大任务、一大平台"战略,加快推进上海"五个中心"建设,根据国家移民管理局关于加快推进移民和出入境领域"放管服"改革总体部署和"上海出入境聚英计划(2017—2021)"工作安排,上海市公安局、商委、教委、科委、人社局、市政府侨办、上海科创办、自贸区管委会、上海市税务局、上海海关10个部门签署《关于共同推进在沪永久居留"一门式"服务合作备忘录》。通过在上海永久居留事务服务中心设立外国人永久居留服务窗口,密切部门合作,整合服务事项,优化办事流程,为外国人在沪永久居留提供"一门式"便捷政务服务,并将相关政务咨询服务辐射至各社会融合服务站,切实形成外国人在沪永久居留服务管理合力,提升外国人办事体验度。

(三)张江示范区层面

2015年7月,围绕上海建设具有全球影响力的科技创新中心的战略部署,结合张江国家自主创新示范区建设世界一流科技园区的规划目标,制定了《张江国家自主创新示范区推进具有全球影响力科技创新中心建设的总体行动计划(2015—2020年)》。该计划围绕引才、育才、用才制度的改革,探索形成具有国际竞争优势的人才制度和创新创业人才集聚的战略高地。

被赋予深化改革、先行先试使命的张江国家自主创新示范区,面向全球集聚高端人才,不断创新体制机制,充分借助公安部和上海市人民政府之间的部市合作机制优势,积极发挥示范区人才试验田作用,成功推进9项出入境人才政策的先行先试,包括:《张江国家自主创新示范区外籍华人申请在中国永久居留办事指南》《张江国家自主创新示范区推荐外籍高层次人才申请在华永久居留的认定管理办法(试行)》《上海高校留学生申请在张江国家自主创新示范区兼职创业证明(推荐申请在学习类居留许可上加注"创业")办事指南》《张江国家自主创新示范区外籍人才申请口岸人才签证或变更为人才签证办事指南》《上海高校外国留学生到张江国家自主创新示范区就业办理工作证明的办事指南》《境外高校外籍毕业生到张江国家自主创新示范区工作办理工作证明的办事指南》《在张江国家自主创新示范区工作的国内重点高等院校或境外知名高校外籍毕业生申请永久居留的实施细则》《张江国家自主创新示范区顶尖科研团队外籍核心成员申请在华永久居留的实施细则》《张江国家自主创新示范区外籍人才申请兼职创新创业的实施细则》,具体内容如表8.6所示。

表 8.6 张江示范区系列出入境政策

序号	颁布时间	政策名称	政策依据	政策内容
1	2017年5月	《张江国家自主创新示范区外籍华人申请在中国永久居留办事指南》	①《关于进一步深化人才发展体制机制改革加快推进具有全球影响力的科技创新中心建设的实施意见》(沪委发〔2016〕19号);②《公安部支持上海科创中心建设出入境政策新十条》	在张江示范区域内的高校、科研院所、企业等单位连续工作满4年,每年在中国境内实际居住累计不少于6个月的外籍华人,可以申请在中国永久居留(其外籍配偶和未成年子女可随同申请)
2	2017年5月	《张江国家自主创新示范区推荐外籍高层次人才申请在华永久居留的认定管理办法(试行)》	①《关于进一步深化人才发展体制机制改革加快推进具有全球影响力的科技创新中心建设的实施意见》(沪委发〔2016〕19号);②《公安部支持上海科创中心建设出入境政策新十条》	对符合认定标准的外籍高层次人才,经张江高新区管委会或中国(上海)自由贸易试验区管委会推荐,可直接申请在华永久居留(其外籍配偶和未成年子女可随同申请),同时缩短审批时限
3	2017年5月	《上海高校留学生申请在张江示范区自主创新创业或兼职创业证明(推荐研究生学习类居留许可上加注"创业")办事指南》	①《关于进一步深化人才发展体制机制改革加快推进具有全球影响力的科技创新中心建设的实施意见》(沪委发〔2016〕19号);②《公安部支持上海科创中心建设出入境政策新十条》	在上海高校就读的外国学生,经所在校同意并出具推荐函,可以申请在学习类居留许可上加注"创业"后,在"双自"区内或"双创"示范基地内单位从事兼职创业活动

(续　表)

序号	颁布时间	政策名称	政策依据	政策内容
4	2017年5月	《张江国家自主创新示范区外籍人才申请口岸签证或变更为人才签证办事指南》	①《关于进一步深化人才发展体制机制改革加快推进具有全球影响力的科技创新中心建设的实施意见》(沪委发〔2016〕19号); ②《公安部支持上海科创中心建设出入境政策新十条》	允许具有硕士以上学历(含硕士)的外籍人才,或由"双自"区内企业、国务院批准设立的"大众创业、万众创新"示范基地企业,上海市高等院校、科研院所聘雇或邀请的外籍人才,未持签证来华的,可持相关证明向上海口岸签证机关申请人才签证,入境后按规定办理居留许可;持其他签证来华的,入境后按规定或签办理居留许可变更为人才签证
5	2017年9月	《上海高校外国留学生到张江国家自主创新示范区就业办理工作证明的办事指南》	《关于进一步深化人才发展体制机制改革加快推进具有全球影响力的科技创新中心建设的实施意见》(沪委发〔2016〕19号)	在上海地区高校取得本科及以上学历且到张江国家自主创新示范区就业的外国留学生,经张江高新区管委会出具证明,可直接申请办理外国人就业手续和工作类居留许可
6	2017年10月	《境外高校外籍毕业生到张江国家自主创新示范区工作办理工作证明的办事指南》	①《关于进一步深化人才发展体制机制改革加快推进具有全球影响力的科技创新中心建设的实施意见》(沪委发〔2016〕19号); ②《关于外籍高校毕业生来沪工作办理工作许可相关事项的通知》(沪人社规〔2017〕25号)	在国(境)外高水平大学取得本科及以上学位,拟应聘在张江自主创新示范区内跨国公司地区总部、投资性公司和外资研发中心的优秀外籍毕业生,经张江高新区管委会出具证明,可申请办理外国人来华工作手续和工作类居留许可

(续 表)

序号	颁布时间	政 策 名 称	政 策 依 据	政 策 内 容
7	2018年6月	《在张江国家自主创新示范区工作的国内重点高等院校或境外知名高校外籍毕业生申请永久居留的实施细则》	《关于印发〈关于推动落实"上海出人境聚英计划(2017—2021)"有关出入境政策的实施办法〉的通知》(沪公通字〔2018〕37号)	国内重点高等院校或境外知名高校的外籍毕业生,毕业后2年内来上海创新创业的,可凭学历(学位)证明申请有效期2年以内的居留许可;对其在上海符合规定的单位连续工作满3年,工作情况、纳税记录和社会信用记录良好,经聘用单位担保推荐的,可申请在华永久居留
8	2018年7月	《张江国家自主创新示范区顶尖科研团队外籍核心成员申请在华永久居留的实施细则》	《关于印发〈关于推动落实"上海出人境聚英计划(2017—2021)"有关出入境政策的实施办法〉的通知》(沪公通字〔2018〕37号)	由中国(上海)自由贸易试验区和张江国家自主创新示范区引进的外籍领军人才,经和张江高新区管委会、经自贸试验区管委会或张江高新区管委会认定后可推荐并担保其科研团队中不超过6名的外籍核心成员申请在华永久居留
9	2018年7月	《张江国家自主创新示范区外籍人才申请兼职创新创业的实施细则》	《关于印发〈关于推动落实"上海出人境聚英计划(2017—2021)"有关出入境政策的实施办法〉的通知》(沪公通字〔2018〕37号)	在"双自"区以及国务院批准设立的"大众创业、万众创新"示范基地内创业、上海市高等院校、科研院所聘雇或邀请的外籍人才,经工作单位和兼职单位担保后可凭相关证明申请兼职创新创业

二、外籍人才出入境政策创新实施成效

(一)量身定制引才政策,先行先试集成效应日渐凸显

张江国家自主创新示范区是出入境政策措施吸引留住人才的"第一块试验田"。从2015年公安部出台支持上海科创中心建设12项出入境政策措施,到2016年公安部出台进一步支持上海科创中心建设"新十条",及至2018年1月公安部和上海市政府共同推出的"上海出入境聚英计划(2017—2021)",公安部先后推出的25项政策措施中有7项是为张江国家自主创新示范区量身定制与精准施策,政策集成效应日渐显现,先行先试后部分复制到其他省市。

公安部进一步支持上海科创中心建设"新十条"中,有4项政策措施在张江国家自主创新示范区和中国(上海)自由贸易试验区(即"双自"区)先行先试,具体包括:

(1)对符合认定标准的外籍高层次人才,经"双自"区管委会推荐,可直接申请在华永久居留(其外籍配偶和未成年子女可随同申请),同时缩短审批时限。授权上海市公安局会同有关部门制定相关人才认定标准,报公安部批准后实施。

(2)由"双自"区内企业聘雇或邀请的外籍人才,未持签证来华的,可持相关证明向上海口岸签证机关申请人才签证,入境后按规定办理居留许可;持其他签证来华的,入境后可申请变更为人才签证或按规定办理居留许可。

(3)在"双自"区内单位连续工作满4年、每年在中国境内实际居住累计不少于6个月的外籍华人,可以申请在华永久居

留（其外籍配偶和未成年子女可随同申请）。

（4）在上海高校就读的外国学生，经所在高校同意并出具推荐函，可以申请在学习类居留许可上加注"创业"后，在"双自"区内单位从事兼职创业活动。

上海出入境聚英计划（2017—2021）中，有3项政策措施在张江国家自主创新示范区和中国（上海）自由贸易试验区（即"双自"区）内先行先试，具体包括：

（1）由"双自"区引进的外籍首席专家和科技领军人才，经"双自"区管委会认定后可推荐并担保其科研团队中不超过6名外籍核心成员申请在华永久居留。

（2）在"双自"区内单位工作的外籍人才，经工作单位和兼职单位备案担保，可以在"双自"区内兼职创新创业。

（3）国内重点高等院校或者境外知名高校的外籍学生，毕业后2年内来上海创新创业的，可凭学历（学位）证明申请有效期2年以内的居留许可；对在"双自"区内单位连续工作满3年，工作情况、纳税记录和社会信用记录良好，经聘用单位担保推荐的，可申请在华永久居留。

（二）政策辐射面广，基本实现两个"全覆盖"

1. 受益群体范围"全覆盖"

张江国家自主创新示范区适用的出入境政策服务对象已涵盖外籍人才、港澳人才和内地人才，实现"全覆盖"。比如，针对外籍人才，进一步简化来上海创新创业外国人的入境和居留手续，从境外吸引外国人才资源；支持外国留学生在我国高等院校应届毕业后直接在上海创新创业,吸引在华外籍优秀高校毕业生的智力资源;扩大外籍高层次人才在口岸和境内申请办理人才签证的范围,提供入境和停居留便利。对港澳人才,制定港澳居民特殊人才及家属来上海定居政策,更好地吸引港澳人才。对非上海户籍居民,扩大其在上海申请出入境证件的范围,在现有政策基础上,允许持上海市居住证的人员凭居民身份证即可在沪申请办理各类出入境证件,进一步便利人才在上海居住生活。

2. 外籍人才办理永久居留渠道"全覆盖"

以更加开放的姿态广泛吸纳世界各国优秀人才是上海人才工作面临的一项重大而紧迫的任务。随着对外籍人才的迫切需求,外籍人才对在中国永久居留并享有相关便利的愿望也愈加强烈。作为世界主要国家引进人才的重要手段,外国人永久居留制度的完善程度已成为一个国家发展阶段、开放程度的重要标志。在原有推荐渠道的基础上,张江示范区还适用"双自"区推荐渠道、市场化渠道、投资渠道、就业居留转换渠道、华人专属渠道5条新开辟的渠道,具体如表8.7所示。

表8.7 上海外籍人才申请在华永久居留渠道汇总表

序号	申请渠道	申请方式
1	"双自"区推荐渠道	对符合认定标准的外籍高层次人才,经"双自"区管委会推荐,可直接申请在华永久居留
		由中国(上海)自由贸易试验区和张江国家自主创新示范区引进的外籍首席专家和科技领军人才,经自贸试验区管委会或张江高新区管委会认定后可推荐并担保其科研团队中不超过6名的外籍核心成员申请在华永久居留

(续表)

序号	申请渠道	申请方式
2	市场化渠道	外籍人员在沪已连续工作满4年、每年在中国境内实际居住累计不少于6个月,有稳定生活保障和住所,工资性年收入超过60万元人民币,年缴纳个人所得税12万元人民币以上,经工作单位推荐,可以申请在华永久居留
3	投资渠道	外籍人员以自然人身份或通过本人以自然人身份作为控股股东的公司企业,在上海市直接投资、连续3年投资情况稳定、投资数额合计达到100万美元(国家颁布的《外商投资产业指导目录》鼓励类产业投资合计达到50万美元)以上且纳税记录良好的,可直接申请在华永久居留
4	就业居留转换渠道	对经上海人才主管部门认定的外籍高层次人才,上海科技创新主管部门制定的科技创新职业清单所属单位聘雇并担保的行业高级专业人员(不受60周岁年龄限制),签发5年有效期的工作类居留许可,工作满3年后,经单位推荐可以申请在华永久居留
5	华人专属渠道	外籍华人具有博士研究生以上学历的,或在"双自"区内或"双创"示范基地内单位连续工作满4年、每年在中国境内实际居住累计不少于6个月的,可以申请在华永久居留

(三)积极回应人才需求,提升政策系统配套性

在部市合作机制框架下,上海市公安局出入境管理局会同张江高新区管委会,开展跨部门、跨领域、跨职能的创新政策大调研,主动走访"双自""双创"区内的企业、科研院所、高等院校、政府部门等,直接听取人才与用人单位的需求、意见和建议,并给予积极回应。

针对人才对外籍家政服务人员的迫切需求,"新十条"政策允许获得在华永久居留资格或持有工作类居留许可的外籍人才和港澳台高层次人才聘雇外籍家政服务人员,此类外籍家政服务人员可向上海口岸签证机关申请私人事务(S2字)签证入境。家政服务需求的"私人订制"充分体现出政策的人性化与个性化导向,该政策受到人才的广泛欢迎。

为解决市场化认定的以及从就业居留向永久居留资格转换的外籍人才的外籍配偶和未成年子女无法同时申请永久居留的问题,"新十条"打破政策瓶颈,对原有政策进行优化,允许外籍人才家属可以同时申办永久居留,充分展现出服务外籍人才的善意与诚意。

为解决人才子女在沪上学的实际困难,对上海市中小学校招收的外国学生,因紧急事由来上海就读的,可凭学校录取通知书等证明函件向上海口岸签证机关申请学习签证,入境后可按规定办理学习类居留许可;持其他签证入境的,可凭学校录取通知书等证明函件签发学习类居留许可,解决了人才的后顾之忧。

(四)努力提升服务便利化程度,营造优良服务软环境

1. 推动构建出入境管理便利化服务体系

一是推动建设全国首个"外国人永久居留事务服务中心"。针对外籍新移民社会融入不平衡、不充分的矛盾,以及外籍人才引入机制中存在的困难与瓶颈,依据深化落实移民和出入境"放管服"改革要求,上海市公安局出入境管理局永久居留事务服务中心于2019年9月16日正式启用。这是全国首个集永久居留受理、审核、发证等工作于一体的外国人在沪永久居留事务的服务专窗,并与相关部门试点开展政府主导、部门联动、社会参与的在沪永久居留"一门式"服务。外国人永久居留事务服务中心位于上海张江科学城核心区(学林路36号8号、9号楼),总面积3 500余平方米,设置了外国人办证、社会融合服务等区域。该中心联合上海推进科技创新中心建设办公室、自贸区管委会、人社局、外国专家局、商务委、教委、侨务、税务、出入境检验检疫、公证等部门设立综合服务专窗,相关政务咨询等业务一并入驻,提供"一门式"政务服务,打造服务透明、手续简便、办事高效的政务平台。同时,引入社会化服务机构"中智上海经济技术合作有限公司"作为专业对外服务机构,为永久居留、常住外国人提供汉语培训、就业、医保、社保、就医、就学、租房、租车、法律援助等诸多方面的咨询和服务,并由国家汉办专设中国汉语水平考试考点。外国人永久居留事务服务中心对外籍人才申请永久居留过程中涉及的各部门关联业务进行整合优化,打破了部门界限,提升了服务效率。

二是设立出入境管理便利化服务点。2016年,通过采取举办揭牌仪式、集体授牌等形式,在全市设立了18个"张江国家自主创新示范区出入境办证服务点"。"新十条"实施以来,又在各分园设立了22个外籍人才服务点,15个体制外人才服务平台,为企业和人才提供更加便捷的就近出入境服务。

三是开设外国人工作、居留单一窗口,将"串联申请"升级为"并联申请"。为深入推进"一网通办"改革,上海市公安局、上海市科委(市外国专家局)在自贸区前期成功试点的基础上,通过窗口整合、业务流程再造,将原本属于两个委办局的窗口业务成功整合成"一窗受理、一并发证"的"外国人工作、居留单一窗口",并于2019年12月2日正式启用。符合A类工作许可证申请条件的外籍人才可在"单一窗口"同步提交工作许可和居留许可申请。上海市外国专家局和上海市公安局出入境管理局协同审批通过后,申请人可同时领取两个证件。按照原来流程,用人单位先要到上海市科委(市外国专家局)提交申请,获批取证后,再由外国人本人携带工作许可到出入境管理局提交居留许可申请,两项申请的审批时限分别为10个工作日和7个工作日。新政实施后,原本的两项申请由"串联"升级至"并联"——上海市科委(市外国专家局)和出入境管理局在"单一窗口"同时接受申请,后台进行协同审批后,外籍人才只需7个工作日即可完成工作许可和居留许可的申请流程并取证。"单一窗口"的开设使来沪工作的外籍人才能够享受到更加便利快捷、优质高效的办证服务。在2019年年底,分局层面的业务窗口也将完成合并,形成8家"单一窗口"。在2020年,全市范围内的所有业务窗口都将完成整合。

2. 提升人才服务工作主动性与能动性

公安部支持上海科创中心建设的系列创新政策措施实施以来,得到了张江示范区各类人才的高度关注。张江高新区管委会与市出入境管理局职能部门密切配合,采取平时定期沟通、特殊情况一事一议、高峰人才主动服务等方式,提升人才服务工作效能。在得知某些高校引进诺贝尔奖获得者后,张江高新区管委会和市出入境管理局按照重点吸引国家急需、紧缺高端外籍人才的原则,积极发挥"新十条"出入境政策赋予张江国家自主创新示范区推荐外籍人才永久居留的先行先试政策自主权。管委会领导主动对接用人单位领导,积极为高峰人才提供相关服务,为他们出具永久居留推荐函。市出入境管理局为此召开专题会议,专辟"绿色通道",以最快的速度、最简的流程、最优的服务,为引进的高端人才办理永久居留身份证。此外,还为中国科学院上海生命科学研究院、复旦大学、交通大学、特斯拉、菲利普、中微半导体等单位外籍高层次人才主动提供申请永久居留服务。

3. 创新外籍人才融入服务工作新模式

外籍人才融入服务工作根据国家移民管理局和"上海出入境聚英计划(2017—2021)"加快推进移民和出入境领域"放管服"改革的部署,是适应国家出入境管理体制、机制改革形势,集聚外籍人才的需要,也是上海建设具有全球影响力的科创中心的需要。上海外籍人才融入服务活动以"永久居留事务服务中心"为核心,依托首批6家"移民融入服务站"和12家"外国人社会融合服务站",向全市各外国人聚居、聚集的区域辐射。目前,在张江示范区内设立的有永久居留事务服务中心,以及在张江科学城展厅共建的外国人社会融合服务站。

移民融入服务站主要设立在上海市外国人最集中、社区服务工作基础较好的社区,如长宁古北、浦东潍坊等,为外籍人才提供多元化的社区生活、文化交流、社区共治等社区融入服务。参考欧美发达国家移民融入服务经验,结合我国国情、社情和上海市情,上海市永久居留事务服务中心首批签约张江科学城展示厅、上海博物馆、复旦大学中华古籍保护研究院、上海中医药大学中医药博物馆、上海市华侨事务中心华侨书画院、上海昆剧团等12家最贴合外国人社会融合需求、对外服务工作比较成熟的协作单位作为"外国人社会融合服务站",定期组织外籍人士及家属开展国情市情介绍、中国历史、文化、民俗体验等形式多样、内容丰富的活动。

上海市公安局出入境管理局和张江高新区管委会将根据在沪居住外籍人士的人员构成特点和分布情况等,再物色培育一批符合实际需求、特色鲜明的"移民融入服务站"和"外国人社会融合服务站",进一步增强外籍人才对中华文化和中国社会的认同感、归属感,以更好的服务推动外国移民融入,促进引才引智工作,同时为上海移民融入服务探索、创造成功经验和模式。

三、外籍人才出入境政策创新展望

(一)持续优化政策体系,积极释放政策红利

在公安部和上海市政府的指导与支持下,持续优化出入境政策体系,积极推进政策有效落地。

一是每年持续出台支持上海科创中心建设的出入境政策措施。依据公安部与上海市人民政府签署的《建立健全移民与出入境管理服务机制 推进实现上海高水平开放合作备忘录》,在原部市合作的基础上,继续发挥张江示范区"四个平台"的作

用(即收集信息的平台、交流的平台、政府反馈的平台、研究的平台),张江高新区管委会与上海市公安局出入境管理局建立常态化联系机制,采取每季度召开座谈会和咨询会等形式听取企业和外籍人才建议。在有效调研的基础上,精耕张江示范区出入境政策先行先试的"试验田",不断优化出入境政策,简化申请流程,扩大政策的吸引力。

二是出台系列政策实施细则。操作细则是政策落地的重要基础,进一步推进落实新政的实施办法,明确适用范围、资格认定、申请程序等内容,便于政策操作执行,最大限度释放政策红利。

(二)强化政策配套保障,以宣传为载体扩大影响力

一是积极推动外籍人才融入服务工作。依托移民融入服务站和外国人社会融合服务站,持续探索移民融入服务活动新模式与新路径。

二是进一步优化外国人永久居留的申办流程。缩短外籍人才背景审查时限,推动外国人永久居留信息系统开发,使对外籍人才的便利化服务水平再上新台阶。

三是利用多元化宣传手段,加强政策宣介推广。积极开展"走出去"宣传与全方位服务相结合的方式,不断扩大出入境政策影响力。要综合利用各类宣传媒介,着力构建网页、报纸、电视台、微信、客户端App同步发力的全媒体传播格局,同时深入园区、企业、高校举办政策宣讲培训会,通过持续的政策宣传与解读,提升政策的覆盖面与知晓度。

（三）加强多方协作联动，整合服务资源

一是加强部门协同联动，实现高效合作。积极发挥张江高新区管委会与公安部、国家外国专家局定点联系机制的作用，加强统筹协调，整合服务资源，协同推进政策调研、政策先行先试，推动解决"难点""堵点"问题，持续提升服务效率，确保支持上海科创中心建设的出入境政策持续优化。

二是强化服务理念，提升工作主动性。结合上海市人才高峰工程和"人才蓄水池"工程，立足重大科学设施和重点项目平台建设，进一步强化服务理念。主动深入一线，帮助各单位精准把握政策内容，量身定制操作流程，针对性地提供政策培训，对重点人才实现点对点服务，切实做到将相关政策措施用好、用足、用活，最大限度发挥政策效力。

第九章
部市合作建设国际人才试验区创新政策评估研究

2016年10月13日,国家外国专家局与上海市人民政府签署《国家外国专家局、上海市人民政府共同推进张江国家自主创新示范区建设国际人才试验区合作备忘录》(以下简称《合作备忘录》),提出了包括开展创新政策的先行先试、建立健全国际化运行机制、建立健全外国人才管理服务机制和探索实施市场化用人机制4大方面的23项创新举措,共同推进张江示范区建设国际人才试验区。国际人才试验区将在人才引进培养、股权激励、成果转化、创业孵化、创业融资等方面开展先行先试,力争到2020年初步形成具有全球影响力的"国际人才自由港",成为对外开放程度最高、拥有较强全球资源配置能力的国际化人才高地。国家外国专家局与张江高新区管委会建立定点联系机制试点,为深入推进创新政策落到实处搭建了合作平台,有序推动了一系列合作事项的进展。这些创新举措的实施将加快张江示范区成为国际人才引进的"样板间",有利于上海率先形成具有国际竞争力的人才制度优势,为继续当好全国改革开放排头兵和创新发展先行者提供人才保障和智力支撑。

为促进《合作备忘录》相关创新举措的进一步落实和完善，持续提升政策措施的有效性和针对性，本书课题组于2017年12月针对部市合作支持上海推进张江示范区建设国际人才试验区先行先试政策落实情况开展调研和评估，提出相关若干建议，形成本章研究报告。

一、评估方法与评估框架

（一）评估方法设计

张江高新区管委会委托本课题组对《合作备忘录》提出的系列创新政策的落实情况开展阶段性评估，以考察相关政策措施的落实推进情况，发现政策执行过程中可能存在的问题，进一步优化和完善制度，提高人才工作的科学化水平。

课题组邀请了来自政策研究机构、高校、企业及相关政策执行部门的人员参与评估。为全方位了解政策实施情况，课题组实地走访重点用人单位，召开高层次人才座谈会，并到有关政策实施部门开展调研访谈。通过对政策牵头部门、政策组织实施部门、用人主体、人才等的访谈调查，有针对性地反馈及印证相关问题，增加了评估的科学性。在形成评估报告后，还通过座谈会、书面征求意见等形式征求市外国专家局等相关部门的意见建议，对评估报告进行修改完善。

（二）评估框架的建立

《合作备忘录》签署的有效期为2016年10月至2021年10

月。本次评估将关注政策制定、政策落实及政策执行的阶段效果三个层面,重点是签署一年多来相关先行先试政策的落实情况。基于此,课题组在深入研究和专家讨论的基础上,采用适合于创新政策和科技政策评估的"目标-执行-效果"框架开展评估,并经优化调整后形成适用于本项目的综合性评估框架,如表9.1所示。评估指标体系即是围绕着政策制定、政策执行和政策效果等创新政策的"绩效性"维度展开设计。

表9.1 综合性评估框架

评估环节(维度)	评估焦点	关键评估指标(项目)
政策制定评估 (事前评估)	政策制定依据、政策内容的合理性、可操作性及保障措施	政策制定符合国家整体政策方针
		根据用人主体和人才实际需求制定
		政策的科学性、合理性及可操作性
		有效的政策实施保障机制
政策执行评估 (过程评估)	四个方面创新举措的执行落实情况、推进效率	开展创新政策的先行先试
		建立健全国际化运行机制
		建立健全外国人才管理服务机制
		探索实施市场化用人机制
政策效果评估 (结果评估)	预期目标的实现情况及政策影响程度	政策预期目标的完成程度
		政策实施成效和社会效应
		目标群体的满意度和获得感

综合性评估框架不是将政策评估看作是单纯的效果评估,而是既包括对政策制定(政策设计、政策方案)的评估,还强调

对政策执行以及效果的评估。将政策制定、政策执行和政策效果三个环节均纳入政策评估范畴,覆盖了事前评估、过程评估和结果评估各个节点,体现了评估的系统性和完整性。并将评估的重点放在政策执行落实情况上,分别从开展创新政策的先行先试、建立健全国际化运行机制、建立健全外国人才管理服务机制和探索实施市场化用人机制四个方面具体考察相关创新举措的落实情况。

二、创新政策综合评估

(一)政策制定的事前评估

1. 政策制定依据

为全面落实中央关于上海要加快向具有全球影响力的科技创新中心进军的要求,认真贯彻《中共中央、国务院关于深化体制机制改革加快实施创新驱动发展战略的若干意见》,适应全球科技竞争和经济发展新趋势,立足国家战略推进创新发展,上海市制定了《上海系统推进全面创新改革试验加快建设具有全球影响力的科技创新中心方案》,并对张江示范区建设国际人才试验区进行了工作部署。作为改革开放的排头兵、创新发展的先行者,上海在引进外国人才工作方面一直走在全国前列。部市合作签署《合作备忘录》,探索外国人才管理服务体制机制创新和政策制度创新,是落实习近平总书记重要指示精神的具体举措。在党中央、国务院的正确领导下,通过部市合作、共同努力,可以进一步发挥张江示范区得天独厚的引才环境优势和先行先试的政策优势。

2. 政策目标与需求评估

《合作备忘录》的签署,就是要探索形成更积极、更开放、更有效的外国人才引进政策,建立具有国际竞争力的人才制度,把张江示范区作为承接政策创新、推进简政放权、突出市场导向的先行先试平台,全力支持外国人才政策创新、管理创新、服务创新。是为了解决上海国际人才高地建设过程中出现的一系列堵点难点问题,满足企业和人才的现实需求。所提出创新举措的基本目标同实践需求具有较强的针对性和匹配度,将为形成具有国际竞争力的人才制度优势探索新路、积累经验。

3. 政策内容评估

国际人才试验区的使命就是破解外国人才引进过程中的瓶颈制约,制定针对性、操作性强的政策措施。国家外国专家局将支持上海在高端人才办理永久居留、工作许可和居留许可并联审批、国际医疗保险结算服务、外国人才管理服务信用体系建设、张江综合性国家科学中心建设等方面取得突破。《合作备忘录》关注政策制度的改革创新和先行先试,聚焦外国人才政策、国际化运行机制、外国人才管理服务机制和市场化用人机制,提出了4大方面23项创新举措,推进张江国家自主创新示范区建设国际人才试验区。这些创新举措涵盖了来得了、待得住、用得好、流得动的各个环节,措施具体,要求明确,具有较强的合理性和可操作性。外籍人才引进、管理等政策创新和服务创新措施的出台,将为张江示范区进一步集聚海外智力资源、推进建设国际人才高地注入一剂"强心针"。

4. 政策保障机制评估

在提出4大方面23项创新举措的基础上,《合作备忘录》还明确提出了成立指导协调小组,建立高效合作工作机制、合作会商机制、定期评估机制和工作保障机制,确保部市合作常态化、实体化开展。国家外国专家局在张江示范区设立联系点,对于部市合作推进中遇到的新情况新问题,通过建立工作例会制度、专题工作会议制度及不定期召开的专题会议,讨论研究创新政策措施的进展情况。各种合作机制的建立,为相关创新政策的实施提供了有效保障,共同致力于把张江示范区打造成具有国际影响力的人才集聚高地。

(二)政策执行的过程评估

《合作备忘录》签署后,为抓紧推动有关创新政策措施的落实,张江高新区管委会、市外国专家局、市出入境管理局于2017年1月共同研究拟制了落实《合作备忘录》工作推进计划,明确了具体工作内容、时间节点和工作分工。为持续有效地推进落实相关工作,张江高新区管委会、市外国专家局于2017年2月拟制了《关于建立市政府与国家外国专家局部市合作指导小组及建立定点联系合作工作机制的建议方案》。2017年6月,国家外国专家局批复同意该建议方案,开始实施《部市合作指导小组及定点联系合作工作机制》,紧紧围绕落实《合作备忘录》提出的创新举措,建立健全各项工作落实制度。

国家外国专家局与上海市人民政府成立指导小组和工作小组,保障各项任务顺利实施。坚持及时沟通、统筹推进原则,针对重点政策措施和难点问题加强调查研究和协商合作。坚持工作会议制度、调研评估制度和协调联络制度,及时通报各项任务进展阶段与创新成果。结合年度工作重点,指定专门联络员,每月进行一次工作交流对接。每季度编印工作信息季度简报,于季末报送国家外国专家局和张江高新区管委会。加强统筹协调,突出重点任务,循序渐进开展各项政策先行先试,推动创新政策逐步制度化体系化。每年第一季度召开一次年度部市合作年会,由指导小组组长主持,各成员及有关单位参加,对当年工作进行总体部署,商定重点工作推进情况和目标任务。张江高新区管委会认真组织实施合作工作机制,市外国专家局加强对实施工作的指导和检查。

在相关政策措施的出台上,市人力资源和社会保障局、市外国专家局于2017年6月联合下发《关于外籍高校毕业生来沪工作办理工作许可有关事项的通知》,支持外国留学生在我国高等院校应届毕业后直接在上海创新创业,吸引在华外籍优秀高校毕业生的智力资源,为外籍高校毕业生在上海工作提供便利;张江高新区管委会先后制定出台《张江国家自主创新示范区推荐外籍高层次人才申请在华永久居留的认定管理办法(试行)》《张江国家自主创新示范区外籍华人申请在中国永久居留办事指南》《上海高校留学生申请在张江国家自主创新示范区兼职创业证明(推荐申请在学习类居留许可上加注"创业")办事指南》《上海高校外国留学生到张江国家自主创新示范区就业办理工作证明的办事指南》《境外高校外籍毕业生到张江国家自主创新示范区工作办理工作证明的办事指南》,积极构建具有国际竞争力的引才用才机制,全力推进张江示范区建设国际人才试验区。在政策措施的宣传上,组织各类型政策宣传和上门推介活动,设计和印制政策措施宣传册,主动寄送至张江示范区各分园人才服务平台及企业、科研院所等创新主体,提升目标群体的政策知晓度。

在政策执行的相关资源保障上,国家外国专家局、上海市政府、张江高新区管委会、市外国专家局、市出入境管理局等相关政府职能部门通力合作,为政策执行提供了强有力的人员保障和制度保障。国家外国专家局严格落实协议内容,把张江示范区作为承接政策创新、推进简政放权、突出市场导向的先行先试平台,全力支持外国人才政策创新、管理创新、服务创新,积极协助协调解决具体实践中遇到的堵点难点问题。通过部市合作机制、市内各部门有效沟通协调,多点发力,出台各项具体落实办法和规定,有效推动创新举措的执行落地。张江专项发展资金围绕优化创新创业环境、引进培育人才、促进创新成果转化、推进新兴产业发展等方面不断增加支持内容、加大支持力度、改进支持方式,为各项创新举措的实施提供了经费保障。

在政策执行的环境因素上,主要得益于党的十九大报告中指出的"要坚持党管人才原则,聚天下英才而用之,加快建设人才强国。实行更加积极、更加开放、更加有效的人才政策",以及上海市提出"在人才高地基础上打造人才高峰,建设科技创新中心"的战略举措。这些政策环境因素,将有利于推动国际人才试验区建设工作的进展。

本书从以下4个方面来具体评估相关创新举措的执行落实情况。

1. 开展创新政策的先行先试情况评估

在开展创新政策的先行先试方面，张江高新区管委会、市外国专家局、市出入境管理局等相关部门通力合作，针对每一条创新举措制定分解任务，明确启动和实施时间节点、任务分工，积极推进6项创新举措逐步实施，如表9.2所示。

截至2017年年底，在创新政策的先行先试方面已完成或顺利进展的实施举措主要有：通过张江示范区两证整合工作试点，国家外国专家局已在全国统一实施外国人来华工作许可制度；根据国家外国专家局《外国人来华工作分类标准（试行）》，制定了外籍高层次人才和外籍人才认定标准，并报公安部同意，作为张江示范区推荐和证明外籍人才申请永久居留和人才签证的主要依据；联合市公安局出入境管理局研究制定了推荐外籍高层次人才申请在华永久居留的认定管理办法及推荐流程等配套机制、外籍华人申请永久居留和申请人才签证、留学生兼职创业等相关管理办法；外国高层次人才出入境便利措施已在张江示范区先行先试；对外国高端人才在上海市内用人单位兼职从事创新创业活动和在张江示范区国家科技创新领域内从事重大科技创新项目的外籍领军人才，可凭张江高新区管委会推荐证明直接申请永久居留等政策将在张江示范区先行先试等。

可以看出，通过多点发力，有效组织和合作推进，开展创新政策的先行先试6项创新举措均得到有效落实，部分任务目标已经完成，一些创新举措也在按照工作计划有序推进。

表9.2 开展创新政策的先行先试落实情况

合作内容	序号	创新举措	工作安排	时间安排	部门分工	完成/进展情况
开展创新政策的先行先试	1	国家外国专家局把张江示范区作为承接政策先行先试平台，重点针对外国人来华工作许可及管理、外国高层次人才在华创新创业等开展调研，提出政策专题先行先试举措，开展先行先试，探索可复制推广的做法经验	拟订专题调研课题，分别就外籍高层次人才创新创业政策的诉求和效应、外国人来华工作许可及管理机制、外籍高层次人才在华的社会化评价标准等开展专题调研，提出新的政策措施建议	2017年1月启动，全年实施	张江高新区管委会、市外国专家局	进展顺利 组织实施《创新出入境政策的需求调研和建议》等专题调研课题
	2	加强外国人在沪工作统一管理，推进"外国专家来华工作许可"和"外国人入境就业许可"整合工作，组织实施"外国人来华工作许可"	根据国家外国专家局的统一部署，上海市于2016年11月1日至2017年3月开展外国人来华工作许可制度试点工作。2017年4月1日，全国统一实施外国人来华工作许可制度	2016年11月启动实施	市外国专家局、市出入境管理局、张江高新区管委会	已完成 在试点的基础上，已在全国统一实施外国人来华工作许可制度

（续　表）

合作内容	序号	创 新 举 措	工 作 安 排	时间安排	部门分工	完成/进展情况
开展创新政策的先行先试	3	实施外国人才分类管理，制定人才签证实施细则，明确外国人才申请和取得人才签证的标准条件和办理程序	根据国家外国专家局《外国人来华工作分类标准（试行）》，将来华工作外国人分为A、B、C三类，按标准实行分类管理，细化办理程序。此项工作已开展	2016年11月启动实施	市外国专家局，市出入境管理局，张江高新区管委会	进展顺利 制定了外籍高层次人才和外籍人才认定标准；制定了推荐外籍高层次人才申请在华永久居留的认定管理配套机制，外籍人申请永久居留办法及推荐流程等
			制定人才签证实施细则，明确人才签证标准和优化办理程序	2017年2月启动实施		
	4	实现外国人来工作许可和居留许可并联审批模式，设立综合服务窗口，入驻外专、人社、公安等部门，让申请人入境后"拿一套材料，跑一个窗口"办理工作许可，居留许可等手续	在张江核心园先行设立外国人来工作许可和居留许可受理窗口。下一步根据需要由市出入境管理局的制证中心综合服务窗口，增设外国人工作范区开设在张江示	2016年11月启动实施	市外国专家局，张江高新区管委会，市出入境管理局	已完成 设立综合受理服务窗口，让申请人入境后"一个窗口"办理申请材料，跑一个窗口工作许可，居留许可等手续

(续表)

合作内容	序号	创新举措	工作安排	时间安排	部门分工	完成/进展情况
	4	许可、社会保险等手续。进一步加强与公安、检疫检验部门信息互联共享	许可办理窗口 探索外国人工作许可、居留许可并联审批机制，对高端人才开辟绿色通道	2017年2月启动		进展顺利 稳步推进中
	5	先行先试开展外国高层次人才出入境便利措施，外国留学生毕业后直接留沪工作，外国博士后办理工作许可，有关单位聘用世界知名大学应届毕业生，外国语言教师劳务派遣管理，允许外国高端人才携带的外国家政服务人员办理工作许可，探索实行计点积分制等政策措施	结合外国人来华工作许可试点工作，研究拟制相应的操作流程和细则，积极稳妥推进各项创新政策措施的先行先试	2016年12月启动实施	市外国专家局、市出入境管理局、张江高新区管委会	进展顺利 外国高层次人才出入境便利措施已在张江示范区先行先试，制定了留学生兼职创业等相关管理办法

（续 表）

合作内容	序号	创 新 举 措	工 作 安 排	时间安排	部门分工	完成/进展情况
	6	外国高端人才在上海市内用人单位兼职	探索外国高端人才在上海市内单位兼职的有关政策措施，并推进落实	2018年实施	市出入境管理局，张江高新区管委会	**进展顺利** 外国高端人才在上海市内用人单位兼职从事创新创业活动和在张江示范区国家科技创新领域内从事重大科技创新项目的外籍领军人才，可凭张江高新区管委会推荐证明直接申请永久居留，且该领军人才可担保推荐其工作团队的6名外籍成员申请在华永久居留的政策列入"聚英计划"，2018年将开始先行先试

2. 建立健全国际化运行机制情况的评估

在建立健全国际化运行机制方面，张江高新区管委会发挥主体作用，会同市外国专家局等相关部门，针对每一条创新举措制定分解任务，明确启动和实施时间节点、任务分工，积极推进6项创新举措逐步实施，如表9.3所示。

截至2017年年底，在建立健全国际化运行机制方面已完成或取得较大进展的工作举措主要有：组织首期"张江示范区科技创新与新兴产业人才培育"境外培训班，培训团于2017年11月份赴美国硅谷和波士顿等科技创新中心开展为期20天的参观见学，系全国高科技园区首例尝试，产生了积极示范效应；积极支持张江高新技术产业开发区申报国家引进国外智力示范区，推动张江高新技术产业开发区在引进国外智力方面取得更多创新性、示范性成果；积极探索建立接轨国际的合同管理、议价薪酬、异地工作的用人模式；利用张江专项资金支持张江示范区波士顿园、硅谷孵化中心和海外人才预孵化基地深入实施人才、技术、项目、资本一体化培育引进等。

可以看出，建立健全国际化运行机制6项创新举措是对张江高新区管委会相关重点工作的延续和深化。部分任务目标已经完成，一些创新举措正在按照工作计划稳步推进实施。

3. 建立健全外国人才管理服务机制情况的评估

在建立健全外国人才管理服务机制上，张江高新区管委会、市外国专家局、市出入境管理局、市委组织部等相关部门通力合作，针对每一条创新举措制定分解任务，明确启动和实施时间节点、任务分工，积极推进7项创新举措逐步实施，如表9.4所示。

第九章 部市合作建设国际人才试验区创新政策评估研究 221

表9.3 建立健全国际化运行机制落实情况

合作内容	序号	创新举措	工作安排	时间安排	部门分工	完成/进展情况
建立健全国际化运行机制	1	加强重点领域国际人才交流力度,探索符合国际惯例的合作机制。建立政府指导、企业主体、社会参与、市场运作的引智机制,充分发挥市场在资源配置中的决定性作用	拟制和发布张江示范区新兴重点领域目录,落实张江专项发展资金关于高端人才的补贴和资助政策,于引进高端人才的补贴和资助政策,引导园区和企业面向国际开展引智工作	2016年11月启动,2017年全年实施	张江高新区管委会、市外国专家局	进展顺利 建立接轨国际的合同管理、议价薪酬,异地工作的用人模式
	2	依托张江硅谷孵化中心和分布在多个国家和地区的18个海外人才预孵化基地,深化人才、项目、资本一体化的孵化培育和引进工作,结合"一带一路"战略布局,加强对国际人才资源的整合利用	利用张江专项资金支持张江示范区波土顿园、硅谷孵化中心和海外人才预孵化基地深入实施人才、技术、项目、资本一体化培育引进;增设10个海外人才预孵化基地	2016年11月启动,2017年全年实施	张江高新区管委会	进展顺利 目前成功引进人才团队32个,落地项目的18个,储备人才2500名,储备项目660个

(续 表)

合作内容	序号	创新举措	工作安排	时间安排	部门分工	完成/进展情况
建立健全国际化运行机制	3	围绕张江综合性国家科学中心建设，依托蛋白质中心、上海光源、量子卓越中心等大科学基础设施，引进一批国际顶尖人才	利用张江专项资金，结合重大项目建设需要，依托张江示范区海外园区和机构建立定向引才机制，对引进的首席外国专家等高层次人才定制专业实验室等科研条件支助，对根据重大科技创新项目引进的首席外国专家，根据其需求提供住房、就医、子女就学等服务保障项目资助	2016年11月启动，2017年全年实施	张江高新区管委会	进展顺利持续推进张江专项资金支持相关人才资助项目
	4	加强对张江示范区出国（境）培训支持力度，突出重点，组织专业技术和中长期培训，提高外国人才管理服务的能力和水平	拟制"科技创新与新兴产业人才培育境外培训"等培训计划，经市外国专家局报国家外国专家局取张江示范区首批境外培训班，并结合张江实际分批组织产业发展、科技管理、技术创新、金融创新等的境外专业性强的境外培训	2016年12月上报计划，2017年11月组织实施	张江高新区管委会、市外国专家局	进展顺利首期培训团于2017年11月4—24日赴美国斯坦福大学培训
		结合张江生物医药、电子信息等产业优势，鼓励外国高层次人才到张	公安部已批准允许具有硕士及以上学历的外籍人才，由"双自"区内企业、或国务院批准设立的"大众创业、万	2016年12月启动	张江高新区管委会、市出入境	进展顺利已实施

（续 表）

合作内容	序号	创 新 举 措	工 作 安 排	时间安排	部门分工	完成/进展情况
	5	江示范区开展研发合作、项目聘用、专题培训、考察评审、举办国际学术会议等活动	众创"新"示范基地企业，或上海市高等院校和科研院所聘雇或邀请的外籍人才，未持签证来华的，可持相关证明向上海口岸签证机关申请人才签证，入境后按规定办理工作许可、居留许可；持其他签证来华的，入境后可申请变更为人才签证或按规定办理工作许可、居留许可		管理局、市外国专家局等	
建立健全国际化运行机制	6	依托张江示范区科技创新功能集聚次以及海外高层次人才基地，建立引智示范基地，承接引智项目并完善配套服务。支持外国人才引入国外先进科研管理理念和机制，充分保障其科研自主权	经市外国专家局推荐申报国家引进国外智力成果示范推广基地和国家引进国外智力示范单位	2017年3月启动	张江高新区管委会、市外国专家局	已完成
			利用张江专项资金对专业机构与国际组织共建高端人才数据库、高端人才流动储备和使用合作机制、急需人才信息查询系统和对接机制等项目给予资助；对海外人才创新创业基地完善服务配套设施、共享技术设施、网络基础设施和开发用于创业用基地服务的	2016年11月启动，2017年全年实施		已提交申报材料；张江专项资金对各类型合作项目和培训项目等给予资助。2017年组织了3场次培训

(续　表)

合作内容	序号	创新举措	工作安排	时间安排	部门分工	完成/进展情况
建立健全国际化运行机制	6		公共软件、数据库和移动端人才服务产品和开展各类人才培训等给予资助,对海外人才创新创业基地为人才提供培训、法律、会计、投融资、企业管理、创新成果转化、产品营销等服务和开展人才招聘会、论坛、短期学术访问等活动的支出给予补贴			

表 9.4　建立健全外国人才管理服务机制落实情况

合作内容	序号	创新举措	工作安排	时间安排	部门分工	完成/进展情况
建立健全外国人才管理服务机制	1	建立外国高层次人才数据库，加强与公安、外交等部门的数据信息共享，设立外国高层次人才服务中心和线上服务平台，构建一站式、多语种服务体系。实施"互联网+"人才信息化工程，开发符合外国人才特点的移动端公共服务产品	依托市外国专家局外国高层次人才数据库，启动张江示范区"1+3"人才服务体系人才数据库的并网链接，并协调与公安、外交等部门的数据信息共享；健全和提升张江各分园人才服务平台的人才服务功能	2017年全年实施	张江高新区管委会、市外国专家局	进展顺利 不断加强人才数据信息共享，提升各分园人才服务功能
			利用张江专项资金对专业机构集约构建政策信息数据库，建设政策服务一站式线上查询系统和综合受理系统，线下分流对接或人才政策事项代办体系的项目给予资助；对实施"互联网+"人才信息化工程，建立人才统计分析工作机制和建设人才数据库，开发移动端人才公共服务产品，并依托示范区各人才服务系统等所需的基础服务设施、开发软件系统，建立OTO模式的服务技术设备等给予资助。对建立人才服务"一站式"办结机制等公共服务给予补贴	2016年11月启动，2017年全年实施	张江高新区管委会、市外国专家局	进展顺利 优化一站式人才服务；开发符合外国人才特点的移动端公共服务产品，并依托示范区各分园出入境便利化服务点，扩大对外国人才服务范围

（续 表）

合作内容	序号	创新举措	工作安排	时间安排	部门分工	完成/进展情况
建立健全外国人才管理服务机制	2	定期组织外国高层次人才召开座谈会，举办中文培训班、中国传统文化学习、交流等人文活动，帮助外国人才更好地融入中国、融入上海。同时注重利用现代化信息手段讲好中国故事，传播好中国声音	依托张江科技创新国际人才研究院和各园区人才服务平台，与市外国专家局联合组织相关专题活动。张江专项资金对产学研部门联合创建创新型人才培育和培育急需复合型人才的新型学历学位教育机构等给予资助；对以企业为主才培养高校、科研院所建立的产学研联合实验室进行人才实践教学和服务的项目给予补贴	2016年11月启动，2017年全年实施	张江高新区管委会、市外国专家局	进展顺利 组织"活力张江论坛"等专题活动
	3	设立首席外国专家评选制度，对首席外国专家开列特殊服务清单，在实验室定制、创业投资、申报我国科研项目等方面给予特殊保障，在科研经费、专项经费使用上参照国内经费管理办法执行	根据科创中心建设关于引进一批国际顶尖人才的要求，着眼选择引进一批世界级顶尖人才，拟制张江示范区首席外国专家评选工作实施方案，明确评选标准、操作流程和相关待遇，相关部门会商后实施	2016年11月启动，2017年1月开始实施	市委组织部、张江高新区管委会、市外国专家局、市出入境管理局	进展顺利 具体实施办法按国家外国专家要求统一组织实施，相关保障工作已经启动

(续 表)

合作内容	序号	创 新 举 措	工 作 安 排	时间安排	部门分工	完成/进展情况
建立健全外国人才管理服务机制	4	开展外国高层次人才国际商业医疗保险结算试点，构建医疗中心建设试点，构建适应外国人才生活和生活保障需要的国际医疗中心	国务院批复同意的上海科创中心实施方案《关于进一步促进本市社会医疗机构发展实施意见的通知》明确了相关任务。下一步选择具有相关运营资质的高端医疗合作开展试点。张江专项资金对园区管理运营主体与医疗机构合作建立涉外医疗保险结算网络和园区软件及网络的公共服务设施、服务机构合作建立系统；对医疗高端人才的"家庭医生+便捷医疗"的配套服务系统等项目给予资助	2016年11月启动，2017年全年实施	张江高新区管委会、市外国专家局	正在推进 按照相关规定选择试点，稳步推进
	5	加强外国人才管理服务信用体系建设，从重视事前审批逐步转变到重视事中事后监管	结合张江示范区人才网后台人才管理系统和各分园人才数据库、建立健全外国人才信用信息专库，对外国人才先行先试跟踪管理服务	2017年3月启动实施	张江高新区管委会、市外国专家局	进展顺利 不断建立健全跟踪服务机制

(续　表)

合作内容	序号	创新举措	工作安排	时间安排	部门分工	完成/进展情况
建立健全外国人才管理服务机制	6	完善外国人才表彰奖励制度，对张江示范区发展作出重要贡献、成就突出的外国人才，可授予相应的荣誉称号	将外国人才纳入张江示范区"张江杰出创新创业人才奖"评选范围，对获奖者给予奖励	2017年6月启动实施	张江高新区管委会、市外国专家局	**进展顺利**，将外国人才纳入"张江杰出创新创业人才奖"评选范围
	7	建设和完善上海（张江）博士后公寓，强化公寓的服务保障能力，为张江地区海外籍博士后提供良好的居住和生活条件	上海已实施。下一步将持续改善公寓软硬件设施建设，提高公寓物业服务水平，促进包括外籍博士后在内的优秀博士后入住比例达到50%以上	2016年启动，2017年全年实施	市人社局、张江高新区管委会	**正在推进**

截至2017年年底,在建立健全外国人才管理服务机制方面顺利推进的工作举措主要有:建立外国高层次人才数据库,帮助外国人才融入中国、融入上海工作;完善了外国人才表彰奖励制度,将外国人才纳入"张江杰出创新创业人才奖"评选范围,对获奖者给予奖励;设立首席外国专家评选制度,对首席外国专家开列特殊服务清单,在实验室定制、创业投资和住房、就医、子女就学等方面研究出台特殊保障举措,为外籍人才不断提供创新创业的便利。具体实施办法已经形成,相关保障工作已经启动。首席外国专家评选按国家外国专家局和市外国专家局的统一安排进行,具体资助办法已在《上海张江国家自主创新示范区专项发展资金资助政策》(沪张江高新管委〔2016〕87号)中体现;加强各分园体制外人才服务试点平台建设,采取政府购买服务等方式,引导整合人才服务的社会资源;优化外籍人才的跟踪服务,对外籍人才定期寻访、跟进服务,寓管理于服务之中;优化一站式人才服务,将人才需求目录发布、人才政策咨询、人才培训、创业指导、人才落户、财税政策、人才公寓申报、企业注册等服务事项汇聚集成,形成线上咨询受理,线下协调办事的服务机制;实施"互联网+"人才信息化工程,开发符合外国人才特点的移动端公共服务产品。并依托张江示范区各分园出入境便利化服务点,扩大对外国人才服务范围等。

可以看出,通过多点发力,有效组织和合作推进,建立健全外国人才管理服务机制7项创新举措均在有序推进,一些创新举措取得较大进展,一些工作措施正在积极推进中。

4. 探索实施市场化用人机制情况评估

在探索实施市场化用人机制方面，张江高新区管委会发挥主体作用，会同市外国专家局等相关部门，针对每一条创新举措制定分解任务，明确启动和实施时间节点、任务分工，积极推进5项创新举措逐步实施，如表9.5所示。

截至2017年年底，在探索实施市场化用人机制方面顺利推进的工作举措主要有：结合张江专项资金资助的科技成果转化项目，推广项目人才团队的公开招聘、合同管理、议价薪酬人才合作机制；将跨单位、跨地域、跨国别组织承担项目的高端人才团队纳入项目立项评审条件，引导项目单位面向国际整合项目人才资源，建立使用人才的新模式已在实施；采取政府购买服务等方式，建立健全外国人才的跟踪服务机制，探索寓管理于服务中的保障新模式已部署等。

可以看出，探索实施市场化用人机制5项创新举措也主要是对张江高新区管委会相关重点工作的延续和深化。相关工作举措都在推进落实中。

（三）政策效果的阶段性评估

1. 政策预期目标的完成情况

按照张江高新区管委会、市外国专家局、市出入境管理局共同制定的工作推进计划，各相关部门积极主动推进落实。如表9.2、表9.3、表9.4和表9.5所示的完成或进展情况，一些工作任务已经完成，也有一些任务顺利取得较大进展，还有一些任务正在按照工作计划持续推进。

表 9.5 探索实施市场化用人机制落实情况

合作内容	序号	创新举措	工 作 安 排	时间安排	部门分工	完成/进展情况
探索实施市场化用人机制	1	突出用人单位的主体作用，在社会化、市场化评价机制中遴选人才	依托上海国际人才网、张江人才网、市外国专家局网站和张江示范区各分园网站，定期发布张江示范区人才需求目录。张江专项资金对成功引进经省部级（含）以上有关部门认定的千人计划人才、领军人才和产业发展急需的外国专家等高层次人才的单位给予补贴；对园区企业购买高端人才引进开发等服务给予补贴	2016年11月启动，2017年全年实施	张江高新区管委会	进展顺利
	2	建立健全外国人才参与我国科技研发和成果转化的体制机制，深化合同管理、议价薪酬、异地工作等用人模式	结合张江专项资金资助的科技成果转化项目，持续推广项目人才团队的公开招聘、合同管理、议价薪酬、跨地域、跨国别组织承担项目的高端人才团队纳入项目机制。并将跨单位、跨地域、跨国别组织承担项目的高端人才团队纳入项目立项评审条件，引导项目单位面向国际整合项目人才资源，建立使用人才的新模式	2016年11月启动，2017年全年实施	张江高新区管委会	进展顺利正在稳步推进实施

(续 表)

合作内容	序号	创新举措	工作安排	时间安排	部门分工	完成/进展情况
探索实施市场化用人机制	3	探索给予外国人才股权激励、技术入股等激励措施	结合张江示范区股权激励政策在全市的推广，探索将外国人才纳入股权激励对象	2017年全年实施	张江高新区管委会、市外国专家局等	正在推进
	4	采取政府购买服务等方式，建立健全外国人才的跟踪服务机制，探索寓管理于服务中的保障新模式	利用张江专项资金对提供高层次人才寻访跟进服务、人才政策咨询、人才培训等服务；财税政策、人才公寓申报、企业注册服务；人才职称评审、职业资格认证与咨询服务等事项给予资助。引导人力资源服务机构和人才服务平台探索寓管理于服务中的保障新模式	2016年11月启动，2017年全年实施	张江高新区管委会、市外国专家局	进展顺利已部署实施
	5	培育信息化、产业化的国际人才服务市场体系，逐步放宽人才中介服务企业设立的股比限制，提升人才市场国际化水平	上海市已实施，下一步将持续推进国际化人才中介服务业的发展；利用张江专项资金对科技人才中介服务和提供服务平台建设给予补贴	2016年11月启动，2017年全年实施	市外国专家局、张江高新区管委会	进展顺利不断推进国际化人才中介服务业发展

对照《合作备忘录》签署的任务目标，相关政策措施的实施，对于张江示范区深入推进引进用好外国人才政策创新、管理创新和服务创新，实施更积极、更开放、更有效的外国人才引进政策产生了较为显著的积极促进作用。本阶段开展的各项工作内容，致力于探索建立具有国际竞争力的人才制度，把张江示范区打造成具有国际影响力的外国人才集聚高地，实现了政策预期目标的进展计划。

2. 实施成效和社会效应评估

在张江示范区每个分园，都能找到为海外人才办理出入境、就业、工作类居留许可等事宜的便利化服务点；外国专家证和外国人就业证"两证整合"工作在核心园完成后已在全国实施；外籍人才申请"中国永久居留证"门槛进一步降低；上海高校毕业的外国留学生在"双自联动"地区直接就业学历要求从硕士放宽到本科；持有"中国永久居留证"外籍人才可直接申办上海市海外人才居住证；允许外籍高层次人才聘雇外籍家政服务人员；专家劳务费不设上限；重大项目经费管理实行事前框架预算加事后经费决算相结合的管理制度……通过各项创新举措的实施推进，留住了一批科技创新中心建设急需的海外高层次人才，张江示范区已成为国际人才聚集的"乐园"。综合受理服务窗口的设立、外国高层次人才出入境便利措施的先行先试等措施的出台，对吸引海外高层次人才起到及时雨的作用。

通过"海外预孵化+国际孵化器+基金"的国际化引才模式，张江示范区不断吸纳延揽国际拔尖领军人才，布局具有前瞻性、颠覆性的前沿技术和高端项目;以量子通讯、干细胞、太赫兹、医学大数据等重大项目为载体,集聚了一大批国内外顶尖人才;围绕张江综合性国家科学中心建设,鼓励外国高层次人才到张江示范区开展研发合作、项目聘用、考察讲学等活动,在张江建立引智示范基地,承接引智项目并完善配套服务。这些政策利好吸引了包括诺贝尔奖得主在内的全球高端科研人员不断集聚。

通过国际人才试验区相关创新措施的推进实施,张江示范区已经形成更加开放的人才集聚机制,成为吸引国内外创新创业人才的重要载体和主要汇聚地,海内外人才回国创新创业的首选地。这也将会有效提升上海国际人才竞争力、影响力、辐射力,推动上海成为国际一流创新创业人才汇聚之地、培养之地、事业发展之地、价值实现之地。

3. 目标群体的满意度和获得感

一系列创新举措的实施让用人主体真正获益。通过与美国硅谷、韩国首尔、德国汉堡等地建立"全球连锁"孵化培育体系,打破国界束缚,创业者足不出户就能利用全球创新要素;以民营企业为主体,与全球23家行业协会、服务机构及大学建立合作关系,在西雅图、不莱梅、新加坡等地设立海外人才预孵化基地;包括7个创新服务平台的首个海外基地张江示范区波士顿园也已启动建设。这些政策措施的实施,让企业、科研机构等用人主体在人才培养、人才引进和人才使用等过程中真正受益。如上海宝藤生物医药科技股份有限公司已通过"走出去"引进了多个技术团队,涉及基因测序、基因编辑、数据挖掘、人工智能等领域,显著提升了企业的科技创新水平和国际竞争力。

出入境服务的便利化措施、就业许可和职业资格等方面限制的打破,为张江示范区高端外籍人才"量身定制"的永久居留申请服务等"贴心"政策的出台,切切实实让高端人才感受到满意感和获得感;通过海外预孵化提供一站式、个性化的解决方案,帮助海外人才完善创业团队或创业项目,提高海外人才、技术、项目和企业落户上海发展的成功率,让海外人才切身体会到来沪创新创业的安全感和成就感。

三、评估结论与若干建议

(一)评估结论

在政策制定上,为推进张江示范区建设国际人才试验区而出台相关创新政策,是落实习近平总书记重要指示精神的具体举措。《合作备忘录》提出了四大方面23项创新举措,致力于解决上海国际人才高地建设过程中出现的一系列堵点难点问题,满足企业和人才的现实需求。提出的创新举措内容丰富,措施具体,要求明确,具有较强的合理性和可操作性。合作工作机制、合作会商机制、定期评估机制等的建立,为相关创新政策的实施提供了有效保障。

在政策执行上,各相关部门积极主动采取有效措施,明确工作内容、时间节点和工作分工。通过部市合作机制、市内各部门有效沟通协调,多点发力,出台各项具体落实办法和规定,组织政策宣传活动,有效推动了创新举措的执行落地。党的十九大召开和上海市人才高峰建设等制度环境因素,也有利于国际人才试验区建设各项任务目标的完成。在提出的23条创新举措中,一些任务目标已经完成,一些创新举措取得了较大进展,也有一些举措正在按照工作计划持续推进。

在政策执行效果上,已经开展的各项工作内容基本实现了政策目标的进度要求和预期效果,起到了积极的示范带动作用。相关政策的实施,对吸引海外高层次人才发挥了立竿见影的作用。用人主体积极响应,引进更多海外高层次人才,成为政策实施的获益者。政策实施产生了良好的社会效应,海外高层次人才政策满意度高。

(二)若干建议

党的十九大之后,国际人才试验区建设进入新的历史阶段。创新与优化人才政策,要以习近平新时代中国特色社会主义思想为指导,认真落实习近平总书记"聚天下英才而用之"的战略思想,理清工作思路、制定具体措施,切实把十九大关于引才引智工作的重要部署和要求落到实处,不断开创人才工作改革创新发展新局面。上海正在建设具有全球影响力的科技创新中心,要在"人才高地"基础上打造"人才高峰",这就需要进一步推进国际人才试验区建设,加快构建具有全球竞争力的人才制度体系,努力建设世界一流的人才发展环境,让上海成为天下英才最向往的地方之一,打造近悦远来的国际化人才集聚新高地。主要有以下六个方面的工作建议。

1.深入推进部市合作各项政策措施的先行先试

一是进一步推动相关政策措施在张江示范区先行先试。进一步发挥部市合作定点联系机制的积极作用，坚持问题导向、需求导向、效果导向，有效调动各方面积极性，深化多方联合调研，动态查找政策制定和落实中存在的问题短板，充分发挥"双自联动"优势，聚焦建设国际人才试验区，不断推进人才政策改革创新和先行先试，为上海科创中心建设提供更具国际竞争力的人才政策保障，为国家提供更多可复制、可推广的人才发展政策措施。

二是持续完善集聚海外人才配套政策。借鉴兄弟省区市探索经验，在张江示范区试点外籍人才（包括外籍华人、获得永久居留权的外国人）以内资的身份以人民币进行工商登记注册，开展海外人才股权激励、缴纳补充社保、境内执业试点，放宽外籍人才申请科研项目、技术转移项目、创新券等限制。加大外国人公共服务体系建设，充分发挥"移民事务中心"的作用，为外籍人才提供工作、学习、生活所需的语言培训、就业、法律等一站式融入服务。采取政府购买服务的形式，发挥民间组织和社团的作用，探索建立"外国人才融入中心"提供社会融入服务，开设政策咨询、国情教育、社会融入、中国文化等课程。

三是进一步发挥多方合力，提升政策执行的有效性。加大政策宣传力度，通过传统媒体和网络自媒体宣传、政策学习培训等多种方式，提高政策知晓率。完善由政府引导、市场调节和社会服务等多方统筹的推进机制。更好发挥政府作用，加强引导，发挥市场在资源配置中的决定性作用，发挥社会组织中介服务作用,充分利用各类社团组织的力量,促进相关政策措施更好地贯彻落实。

2. 着力推进落实高峰人才相关政策支持工作

一是加强人才高峰政策的精准宣传。主动进入国际人才市场,站在世界之巅,加强人才政策宣传的精准化。尽快形成张江示范区对全球高峰人才的"磁吸效应",打造"人才梦之队"。采取组团出境推介和利用海外机构推介相结合的形式,加大人才高峰政策在海外宣传推介力度,组织示范区内有在海外招聘意向的单位开展海外政策宣传和推介。

二是推进落实人才高峰政策措施。张江示范区要积极响应人才高峰建设,先行试点支持一批高峰人才,尽快建立新型人才发展体制和科研运行机制,促进重要科技领域和重大产业领域涌现一批具有国际领先水平并拥有自主知识产权和核心技术的科技成果和产业化项目。

3. 打造近悦远来的国际化人才集聚新高地

一是依托张江综合性国家科学中心着力推进国际人才试验区建设。承担先行先试改革试点任务,在科研经费管理、高端科创人才引进和激励、科技成果转化等改革重点难点领域先行先试,大胆探索,着力突破体制机制瓶颈制约,释放科研机构和人才创新活力。加快支持建设一批大科学设施群,统筹相关科研资源,搭建人才创新平台,不断提升张江示范区对全球高端创新创业人才的吸引能力。围绕张江综合性国家科学中心建设,依托蛋白质中心、上海光源、量子卓越中心等大科学基础设施,引进一批国际顶尖人才,吸引全球顶尖的科学家团队和项目资源。

二是聚焦上海科创中心和国际人才试验区建设,打造创新人才集聚新高地。加大全球布局和联系程度,建立张江示范区与硅谷、伦敦、波士顿等世界级创新城市的交流与合作平台,探索建立国际科技合作联盟、国际科技合作基地、国际科技产业合作园区。支持资助高校院所、科技企业联合创办国际大学、实验室、跨国合作协会组织等,吸引国际知名高校技术转移办公室、国际技术转移促进和服务机构在张江、自贸区设立分支机构。前移海外人才引进工作端口,整合现有海外人才工作站点,提升引才功能。充分发挥中国国际进口博览会的平台作用,举办人才高峰论坛、创新创业论坛,促进技术、项目对接。

三是注重制度创新,配合实施一批重大人才工程。深入落实上海人才"30条"改革任务,积极推进顶尖科研团队外籍核心成员可直接申请在华永久居留、允许外籍人才兼职创新创业等一批新的改革试点。根据浦东新区人才发展"35条"提出的改革项目,配合实施上海高峰人才服务工程、国家实验室人才服务工程、海外高层次人才引进工程、独角兽人才培育工程、青年创新创业人才培育工程等7大人才工程,配合建设浦东国际人才港、浦东产业创新中心等人才发展平台,全力支持各类人才干事创业。加大对青年和高技能海外人才的支持,在引智项目中增设专门面向外国博士后等优秀青年海外人才和海外高技能人才的专项,参照高端外国专家项目,给予相应支持。

4. 加大助推企业"走出去"的政策扶持力度

一是做好"走出去"的宣传、引导和推进工作。实施"走出去"开展政策调研宣介计划(2018—2020年)。分年度分批次分地域到境外针对知名高校、科研机构、跨国公司、高新技术企业的高科技人才、管理人才、产学研复合型人才及外籍华人开展政策调研宣介。主动为企业出谋划策，完善激励政策，增强实施境外投资的信心。建立有条件"走出去"企业项目库，推进条件成熟的本地企业"走出去"。

二是培育国际化人才，加强"走出去"的咨询服务。着力提高"走出去"人才的国际化、专业化水平，增强企业应对国际环境变化的能力。加强涉外中介服务，鼓励行业协（商）会、中介机构为企业提供涉外金融、法律、管理咨询、检测认证、人员培训等服务。

三是健全"走出去"的海外知识产权援助机制。健全和完善以政府为主导，以行业组织、研究机构和媒体为辅助，以企业为主体的纠纷应对机制。第一，充分发挥海外知识产权援助中心的作用，为企业提供咨询、协调和救助工作。建立海外知识产权纠纷的信息库和专家库，完善知识产权纠纷预警系统；第二，充分发挥行业协会的作用，为企业提供知识产权信息服务和交流的平台，促进实现多家企业的共同维权；第三，充分发挥企业的主体作用，进一步加强企业知识产权的自我保护和管理的意识。引导企业积极参与海外知识产权申请，加强海外知识产权储备，提高在国际市场上的核心竞争力。

5. 深入推进国际人才试验区公共服务体系建设

一是打造高水准的创新创业国际人才公共服务平台。围绕建设国际人才试验区的重大任务，深入推进张江示范区人才服务体系建设，开发移动端人才公共服务产品，拓宽移民事务中心张江示范区政策咨询窗口的服务功能,继续实施人才管理者队伍境外培训系列计划等,高起点持续打造具有国际水准、国内领先的引领性创新创业国际人才公共服务平台。

二是推进海外高层次人才信息数据库的建设和共享。依托市外国专家局外国高层次人才数据库,实施张江示范区人才服务体系人才数据库的并网链接,并协调推进与公安、外国专家局等部门的数据实现信息共享。不断健全和提升张江示范区各分园人才服务平台的人才服务功能。引导和支持各人才服务平台开发符合外国人才特点的移动端公共服务产品,健全和提升张江高新区各分园人才服务平台的人才服务功能。

三是加快推进张江高新区人才资本银行建设。聚焦科技金融服务,加快推进步伐,建立以民营资本为主的张江人才开发银行,重点开展针对个人(团队)的信贷融资、项目融资、股权融资、资产融资、贸易融资、知识产权融资等业务体系,构建天使投资、创业投资的国际性对接平台。

6. 持续优化引才聚智的政策环境和生活服务环境

一是着力解决外国人才安居问题。聚焦解决服务国家战略、重点领域、重点项目发展的外国人才及团队的安居问题。加快推进张江科学城"五个一批"项目建设,建设宜居宜业的科学城人才生活环境。按照浦东新区人才发展"35条"提出的目标,在张江科学城加快建设9 000套以上国际人才公寓,实施人才住房安居新政,由实物配租为主调整为租金补贴为主。鼓励各分园在现有人才安居政策的基础上,根据各自实际,自行实施具有区域特点、发展重点的外国人才安居政策。

二是打造一流创新创业载体平台。支持示范区内高校、科研院所建设与产业发展需求相匹配的若干优势学科，共同引育国际高端人才，促进人才链、创新链与产业链的深度融合。充分发挥自贸区优势，支持跨国公司在张江、自贸区设立研发中心、结算中心、采购中心、营销中心、数据中心等功能性机构。积极发展海外人才离岸创新创业基地。推动自贸区、张江强化海外人才创新创业基地的功能，完善海外人才离岸创新创业运作机制，通过会员制度、跨国公司产业智库、离岸研究院，帮助海外人才了解产业发展需求、熟悉市场、投资需求、明确发展定位，完善离岸创新创业基地配套服务。重视用好张江综合性国家科学中心大科学设施平台、研发与转化功能型平台和以众创空间为主的"双创"平台。

三是打造"类似海外"的生活服务环境。着力解决优质国际教育资源不足、区域配置不均的结构性供给矛盾，加大力度新建一批国际学校，合理满足外籍高层次人才子女对国际教育的个性化需求。新建一批国际化高水平医院，重点解决高层次人才就医便利化、问诊个性化的医疗保障问题。为在张江示范区内创新发展的外籍留学生、外籍雇主以及外籍人才及其配偶、未成年子女提供医疗保障。在国际商务服务上，打造一定数量能够承接国际会议、举办国际展览展示的会议会展场所，提升国际商务服务水平。在部分社区引进具有丰富涉外服务经验的物业公司，建设中英文双语社区网站，配备双语社区工作人员。通过积极探索、依法管理、优化服务，帮助外国人才融入中国、融入上海、融入张江示范区。

参考文献

[1]《2016年上海市国民经济和社会发展统计公报》,2017年。
[2]《2017年上海市国民经济和社会发展统计公报》,2018年。
[3]《2018年上海市国民经济和社会发展统计公报》,2019年。
[4]《上海市人民政府2016年政府工作报告》,2017年。
[5]《上海市人民政府2017年政府工作报告》,2018年。
[6]《上海市人民政府2018年政府工作报告》,2019年。
[7]《上海市国民经济和社会发展第十三个五年规划纲要》,2016年。
[8]《上海市中长期人才发展规划纲要(2010—2020年)》,2010年。
[9]《上海市人才发展"十三五"规划》,2016年。
[10]《关于深化人才工作体制机制改革促进人才创新创业的实施意见》,2015年。
[11]《关于进一步深化人才发展体制机制改革加快推进具有全球影响力的科技创新中心建设的实施意见》,2016年。
[12]《上海加快实施人才高峰工程行动方案》,2018年。
[13]《上海市推进科技创新中心建设条例》,2020年。

［14］马文刚等:《张江国家自主创新示范区四重载体建设理论与实践研究》,复旦大学出版社,2015年。

［15］葛培建、陈炜:《张江模式》,复旦大学出版社,2017年。

［16］菲利普·夏皮拉、史蒂芬·库尔曼:《科技政策评估:来自美国和欧洲的经验》,方衍、邢怀滨等译,科学技术文献出版社,2015年。

［17］宋健峰、袁汝华:"政策评估指标体系的构建",《统计与决策》,2006年第11期。

［18］倪海东、杨晓波:"我国海外高层次人才引进与服务政策协调研究",《中国行政管理》,2014年第6期。

［19］王再进、徐治立、田德录:"中国科技创新政策价值取向与评估框架",《中国科技论坛》,2017年第3期。

后 记

加快建设具有全球影响力的科技创新中心,是党中央、国务院交给上海的重大战略任务,也是上海服务国家发展的重大历史使命。作为上海建设具有全球影响力科技创新中心和张江综合性国家科学中心的核心载体,张江国家自主创新示范区根据国务院和上海市委、市政府的总体部署,联合国家和上海市有关部门,深入推进建设科技创新中心的总体布局和改革措施,着力构建创新创业生态体系、培育新兴产业、面向全球集聚高端人才、先行先试各项改革措施,持续发挥集聚、示范、引领、辐射作用,不断实现园区创新生态、创新能力、示范效应等跨越式发展。"活力张江,智慧张江,人文张江,生态张江"正以栩栩如生的姿态活跃在中国创新发展的浪潮之中。

近年来,张江国家自主创新示范区以人才政策突破和体制机制创新为重点,在人才引进培养、成果转化、创业孵化、创业融资等方面先行先试,大力建设创新人才高度集聚、创新资源深度融合、创新机制开放灵活、创新活力竞相迸发的国际人才试验区。人才发展环境进一步优化,外籍高层次人才集聚度不断增强,逐步形成了与国际接轨,符合人才工作规律与市场经济规律、独具特色的人才开发与治理体系，构筑了极具活力、富有创新力和影响力的人才高地，已成为国内外创新创业人才的主要集聚区。

本书的第一章至第三章全面梳理了近年来上海市和张江国家自主创新示范区人才资源发展的总体状况、创新创业人才管理服务等方面的情况，并深度剖析示范区人才发展需求，提出促进人才发展的若干举措，旨在为进一步促进示范区创新创业人才发展，以及迭代升级"硬核"人才发展环境、构建更加完善的人才服务体系提供决策参考。第四章至第七章分别介绍了张江国家自主创新示范区各分园人才工作情况及人才服务平台、重点领域人才实训基地和人才培养产学研联合实验室建设试点情况，探讨试点建设面临的瓶颈问题，并在此基础上提出进一步推进试点建设的相关建议。第八章至第九章为政策创新研究，分别针对公安部国家移民局支持上海科创中心建设创新系列出入境政策措施、国家外国专家局与上海市人民政府签署《共同推进张江示范区建设国际人才试验区合作备忘录》提出的创新政策开展执行落实情况评估，进而提出相应的发展建议。

本书由中共上海市委党校毛军权和李明共同撰写完成。在本书研究开展过程中，得到了上海市张江高新技术开发区管理委员会和上海张江科技创新国际人才研究院的大力支持。张江国家自主创新示范区各园区、园中园、园区企业及各分园人才服务平台、张江高校协同创新研究院、人才实训基地、联合实验室等相关单位积极配合调研，提供了研究所需的相关数据和研究素材,在此致以衷心的感谢!

  由于作者水平有限,加之时间仓促,书中难免有遗漏和不妥之处,恳请广大读者批评指正,以利于今后改进和完善。

作者
2020 年 5 月

图书在版编目(CIP)数据

张江国家自主创新示范区人才资源发展与政策创新研究/毛军权,李明著. —上海:复旦大学出版社,2020.9
ISBN 978-7-309-15257-9

Ⅰ.①张… Ⅱ.①毛…②李… Ⅲ.①高技术开发区-人才资源开发-研究-上海 Ⅳ.①C964.2

中国版本图书馆 CIP 数据核字(2020)第 149433 号

张江国家自主创新示范区人才资源发展与政策创新研究
毛军权 李 明 著
责任编辑/王雅楠

复旦大学出版社有限公司出版发行
上海市国权路 579 号 邮编:200433
网址:fupnet@fudanpress.com　http://www.fudanpress.com
门市零售:86-21-65102580　　团体订购:86-21-65104505
外埠邮购:86-21-65642846　　出版部电话:86-21-65642845
江苏凤凰数码印务有限公司

开本 890×1240　1/32　印张 7.875　字数 163 千
2020 年 9 月第 1 版第 1 次印刷

ISBN 978-7-309-15257-9/C·399
定价:30.00 元

如有印装质量问题,请向复旦大学出版社有限公司出版部调换。
版权所有　侵权必究